JN064504

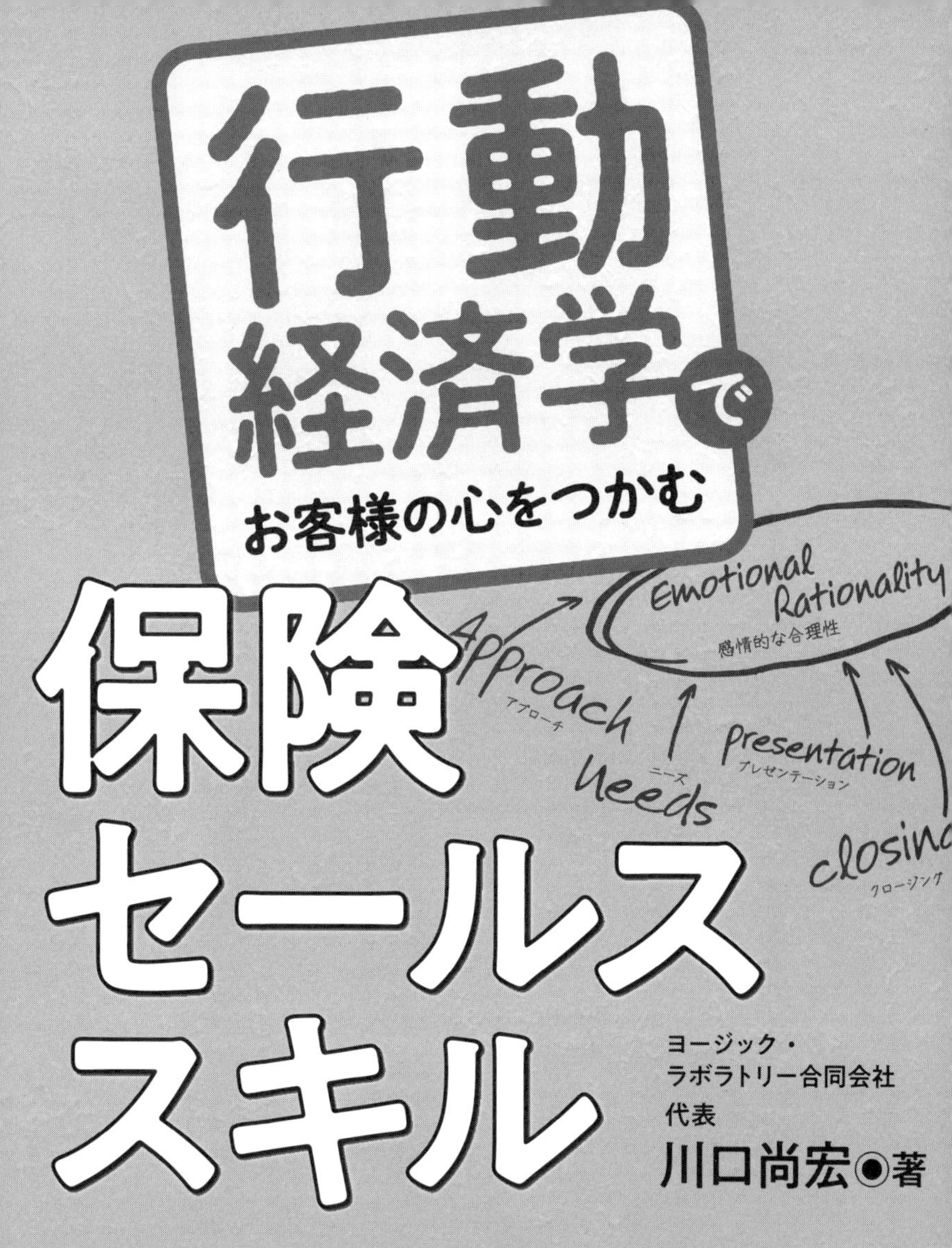

行動経済学で
お客様の心をつかむ
保険セールススキル
Emotional Rationality
感情的な合理性
Approach
アプローチ
needs
ニーズ
Presentation
プレゼンテーション
closing
クロージング
ヨージック・
ラボラトリー合同会社
代表
川口尚宏◉著

ロギカ書房

はじめに

保険のセールスという仕事は、「人の心」を相手にする仕事です。「人の心」というのは千差万別。人によって、物事を判断する基準や、決断するスピードが異なります。どのようにセールスを進めていけばいいのかは、経験でしか身に付けることができないと言われています。

えっ？　世の中にはトップセールスパーソンがたくさんいるのだから、セールスがうまくいっている人の手法を真似たらいいんじゃない？と思われたあなた、そういった人たちのセールス手法はとても特殊なのです。

突然ですが、皆さんは「スカイダイビング」に挑戦したいと思いますか？

航空機で高度1、000m～4、000m程度まで上昇し、そしてその航空機から飛び立ちます。「他では味わうことのできないスピード感やスリルを味わえる」「人生観を変えるほどの体験ができる」

こういわれても、自らやってみたいと思う人は多くないのではないでしょうか。しかし、中にはこれを楽しめる人もいます。2012年に、オーストリアのスカイダイバー、フェリックス・バウムガートナー氏は、宇宙に手が届く高度3万9、044メートルという高さから、このスカイダイビングを行いました。最高速度は時速1、342キロに達し（音速の約1・24倍）、フリーフォールによる世界最高落下速度を記録しています。

アメリカ・テンプル大学の研究によると、新しい挑戦やスリルを求める人は「T型人格」と言われ、さらに「知的T型人格」と「身体的T型人格」の2種類に分けられるとされています。「知的T型人格」は古い習慣や考えを打ち破る革命家や思想家に多く、物理学者のアインシュタインや、画家のピカソがその代表例だそうです。

一方で、極端に危険なスポーツに挑む人は、「身体的T型人格」の気質があると言われています。もしあなたがこのような「T型人格」気質を持ち、型破りな挑戦ができる人であるならば、この本を読む必要はないでしょう。常人にはできないスタイルで成功をしたセールスの達人の真似を試みた方がいいですし、それを楽しんでできるはずです。

例えば、私が知っているある人は、見込み客発見のために、電車に乗って隣に座った人に声をかけるそうです。またある人は、駐車違反で違反切符を切られ、罰金を払い込みにいった警察署のお巡りさんに声をかけるそうです。この方法で見込み客を発見できているかは謎ですが、これぐらいの鋼の精神を持っていれば、なんだって怖くありません。

しかし、多くの人はこの様なことを実践する鋼の精神は持ち合わせていません。それ故に、凡人にもできる手法を身に付け、コツコツと挑戦することが、生命保険業界で生き残る方法なのです。

トップセールスパーソンというのは、特殊な手法でセールスを行っています。話がとても上手だったり、秘密の見込み客の開拓ルートを持っていたり、多くのセールスを始めたばかりの人には到底真似できないことばかりです。

それ故に生命保険のセールスにおいて、自分のキャラクターに合ったセールス手法を身に付けるには、経験がものを言い、とても時間がかかります。そしてその時間に耐えられない人は、セールス手法を身に付けられないまま辞めていってしまいます。

私は新卒でシステム関係の会社に入社し、そこで「システムエンジニア」をしていました。システムエンジニアという職業からご察しのとおり、理系の人間です。人と話すのはあまり得意ではなかったので、パソコンに向かってずっとプログラムを書いていられそうな「システムエンジニア」という仕事を選びました。しかし、そんな私がひょんなことから外資系生命保険会社に転職してしまったのです。そもそも人と話すことが得意ではないのに、どうやってセールスをしていけばいいのか、どうやって見込み客を見つけたらいいのかが分かりませんでした。そこで周りの優秀な先輩に同行させてもらいましたが、到底自分には真似のできない手法ばかりでした。

そこで理系の私は、誰もが真似できる「合理的」なセールス手法がないのかを考えました。相手は「人」です。「人」の心を動かす方法が何かあるはずです。

そしてそんな時、たまたま書店で「行動経済学」と出会いました。「行動経済学」とは、「経済学」と「心理学」を合わせた様なものです。「経済学」では、「人は常に正しく損得を計算し、その結果、最も利益を得られる方法を選ぶ」と言われていますが、生命保険のセールスにおいては、お客様は「合理的」ではありません。例えば、人はいつか必ず亡くなります。確率にすると100%です。一方で、車を運転していて人身事故を起こす確率は50年間車に乗り続けたとして、約37%[*1]とされています。

この「確率」から考えると、「自動車保険」よりも「死亡保険」に加入しておく方が合理的です。しかし、「自動車保険」にはほとんどの人が加入しているにも関わらず、「死亡保険」には加入していない人がいるのです。

人の行動には、こういったことが多々起こります。人は常に計算どおりの合理的な選択をするとは限りません。その時の状況によって、筋が通らない非合理的な判断をするのです。これを研究したのが「行動経済学」です。私は「これだ！」と思いました。調べて見ると、企業のCMやマーケティングではよく利用されていて、消費者は無意識に自身の行動にその影響を受けているのです。しかし、生命保険のセールスにおいてはどうでしょうか。昔から「GNP」と言われ、「義理」「人情」「プレゼント」営業が主流になっています。理系の私が苦手とするものです。そこで、「行動経済学」について学び、実践していきました。そうすると、これまでの失敗が嘘の様に、お客様が私の話を聞いてくださいます。そして、お申込みもいただけます。保険のセールス自体は4年程しか行いませんでしたが、最後にはMDRT会員[*2]に選ばれるほどになっていました。

この本は、「行動経済学」を基にした、生命保険のセールスにおいてお客様の心を動かす方法をご紹介しています。読むと実際のセールスの場面が浮かび、「あの時のお客様はだから納得しなかったんだ」とか、「お客様が自ら加入したいとおっしゃったのはこういう理由からなんだ」という事を理解していただけます。うまくいかなかった理由が分かれば、同じ失敗をすることがなくなります。逆にうまくいった理由が分かると、次のセールスに活かすことができます。

それでは、「お客様の心」を動かす方法をご紹介していきます。

2023年2月

川口　尚宏

＊1：名古屋市「あなたが事故を起こす確率、知っていますか?」

＊2：「Million Dollar Round Table」の略で、卓越した生命保険・金融プロフェッショナルの組織。入会するためには、手数料基準等の厳しい基準がある。

目次

4　ニーズ確認

1

セールスのプロセス

「生命保険」という商品

どのような商品にも、「セールスパーソン」は存在します。「家」「車」「冷蔵庫」「スマートフォン」「自転車」「肉」「お菓子」……挙げればキリがないですが、世の中に存在する「商品」は、全て「セールスパーソン」が「セールス」をすることで売れていきます。

この様に、たくさんある「商品」の中でも「生命保険」は特にセールスの難易度が高いと言われています。**それはなぜでしょうか。**「生命保険」には形がないからです。「家」や「車」は、購入したら目に見える形の物が手に入り、それを家族や友人に自慢することもできます。「肉」や「お菓子」は、購入したらすぐに味わうことができ、美味しかったら自分を満足させることができます。

一方で「生命保険」はどうでしょうか。「生命保険」に加入することで、「保険証券」はすぐに手に入ります。しかしその「保険証券」を使って冷蔵庫を脱臭することもできませんし、人に見せびらかすこともできません。要するに「保険証券」を持っていても、承認欲求や所有欲をすぐには満たせないのです。さらに、「効果」もすぐには体感できません。「医療保険」であれば、自分がケガや病気をしないと保険金は支払われません。「年金保険」であれば、将来「年金」を受け取れる年齢になるまで、何も手に入りません。そして「死亡保険」に至っては、自分が亡くなった時に死亡保険金が支払われるので、支払われる時に自分はこの世にいないのです。

この様に「生命保険」という商品は、形が無く、今すぐ効果を体感できるものではないものに対して、お金をお支払いいただく商品です。そしてその金額は決して小さいものではありません。それ故に、世の中に無限にある「商品」の中でも、セールスするのが難しい「商品」なのです。

必要なのは「感情的な合理性」

ひと昔前まで「生命保険」は、「感情」だけで売られていました。

「一家の大黒柱であるご主人様がもしお亡くなりになったら、奥様とお子様はその後どうやって生活していきますか？」

「幼いお子様の手を引きながら、ご主人の支えもなく、奥様がお仕事をすることは可能ですか？」

この様なフレーズは、多くのお客様の感情を動かします。セールスパーソンの熱意ある話し方によって、将来の家族のことが心配になり、お客様は保険に加入したのです。その結果、日本の世帯主の保険加入率は約85％[*1]と、とても高いものになっています。

一方で、感情的に申し込んだものは、やはり感情的に不満が出ます。万一のことが起こった際に

＊1：生命保険文化センター「生命保険に関する全国実態調査〈速報版〉（2021年度）」

は役に立つもの、と頭の中では分かっていても、お客様には日々の生活があります。「この毎月の保険料がもっと安ければ、もっと外食に行けるのに……」「この毎月の保険料さえ無ければ、生活はもう少し楽になるのに」、こんなことをお客様は日々考えてしまいます。その時に、なぜこの「生命保険」が必要なのかを、「感情的」にではなく、「合理的」に自分に説明できなければ、お客様はその保険を途中で解約してしまうかもしれません。

必要なのは「感情的な合理性」です。「家族を守りたい」という想いは誰にでもあります。そしてその想いは、誰かに言われてある日突然芽生えるものではなく、初めから心の奥底にあるものです。ただ人は、その「想い」を言葉にできなかったり、正しく形に表せないのです。

生命保険のセールスパーソンの役割は、お客様とお話をする中で、その「想い」を口に出してもらい、家族を守ることが人生において重要であると気付いてもらい、その気持ちを形にする方法として「生命保険」を選んでもらうことです。

家族への「想い」を形にするソリューションとして、「生命保険」ほど効果的な解決策はありません。家族にお金を遺す方法としては、「預貯金」、「株」や「不動産」といった方法もあります。しかし、それらの方法は、その人が「使いきれずに遺った資金」とも言えます。一方で「生命保険」は、特定の人に名前を付けて遺します。「お金」に「想い」が乗ります。同じ「遺された資金」

でも、重みが異なるのではないでしょうか。

この様なことをお客様に理解いただければ、「生命保険」が自らの感情を合理的に表現するものだということを、十分に理解していただけるはずです。これは単なる「感情」ではなく、「感情的な合理性」なのです。

お客様の感情を合理的に扱う

では、「家族を守りたい」という「想い」をお客様が持っていた場合、どうすればその「想い」を「生命保険に加入しなければ！」という「行動」に移してもらうことができるでしょうか。

生命保険の加入に至る納得感や道筋は、人それぞれ異なり正解はありません。ある人は、ただ単に「遺された家族が生活に困らないように」と思って生命保険に加入します。ある人は、自分の死後に周りから「あの人は遺された家族のことも考える、すごい人だったんだ」と認められたくて生命保険に加入します。前者のお客様には「この保険に加入することで、遺されたご家族が生活に困りませんよ」とお伝えすれば事足ります。しかし、後者のお客様には「この保険に加入することで、遺されたご家族が生活に困りません。遺されたご家族の生活のことまで考えておくなんて、なんて素晴らしい人だったんだと、周りの人から称賛されますよ」と、ここまで言わないと行動には移してもらえないでしょう。

また、「欲求」にはいくつかの種類がありますが、人それぞれ重きを置く「欲求」というものが異なります。[*2] 当然それは、置かれている環境によっても異なります。配偶者やお子様がいらっしゃる方は「帰属欲求」が強いかもしれませんし、独り身の方は「承認欲求」が強いかもしれません。「死亡保険金」は遺された家族の生活資金としての役割を果たしますが、自身の「整理資金」とすることもできます。それ故に、配偶者やお子様がいないお客様には、「遺されたご遺族の生活資金になります」とお話しても意味はなく、「ご自身の整理資金とすることができます」とお伝えしなくては、お客様が行動に移してくれることはありません。

生命保険に加入するに当たって、**人の感情にはある種の「パターン」が存在します。** この「パターン」を見つけることができれば、お客様の「感情的な合理性」を見つけることができ、そのお客様に合った話法で提案ができます。それではその「パターン」は、どうやって見つけたらいいのでしょうか。

「感情的な合理性」を見つける4つのプロセス

お客様の「感情的な合理性」を見つける方法が、「セールスプロセス」を踏むことです。ここまで生命保険のセールスは非常に難しいと説明してきました。この非常に難しい生命保険を販売するには、セールスにおいてプロセスを踏むことが大切なのです。「セールスプロセス」は次の4つのプロセスに分かれます。

① アプローチ

お客様の興味や関心を引き出し、商談のきっかけを創り出します。そのため、このプロセスでは商品の話は細かくしません。細かくどころか、全くしない方が効果的です。まずは、世の中の一般的な課題や問題点を確認し、その課題や問題点を解決できる可能性があることを説明します。

② ニーズ確認

お客様のニーズには、「顕在ニーズ」と「潜在ニーズ」の2種類があります。「顕在ニーズ」とは、既にお客様の頭の中で言語化や映像化されていて、その必要性が簡単に想像できるものです。例えば、「家族と好きな時に旅行したい」と思っているお客様は、「車があればそれを解決できる」と分かっています。この様に、したい事と解決策が既に分かっている事、それが「顕在ニーズ」です。

一方で「潜在ニーズ」とは、そのお客様にとって必要なことだけれども、まだお客様がそれに気

＊2：13マズローの5段階欲求を参照。

が付いていない、もしくはなんとなく気が付いているけれども、それが言語化や映像化されていない事を言います。例えば、「自分が亡くなったら家族の生活はどうなるのだろうか」、健康な人で、この様な想いを毎日抱いて生活している人は少ないでしょう。生命保険は、ほとんどがこの、「潜在ニーズ」の解決策としての商品です。

そこで、「ニーズ確認」のプロセスでは、この「潜在ニーズ」を引き出すことに専念します。４つのプロセスの中で一番難しく、一番重要なプロセスです。

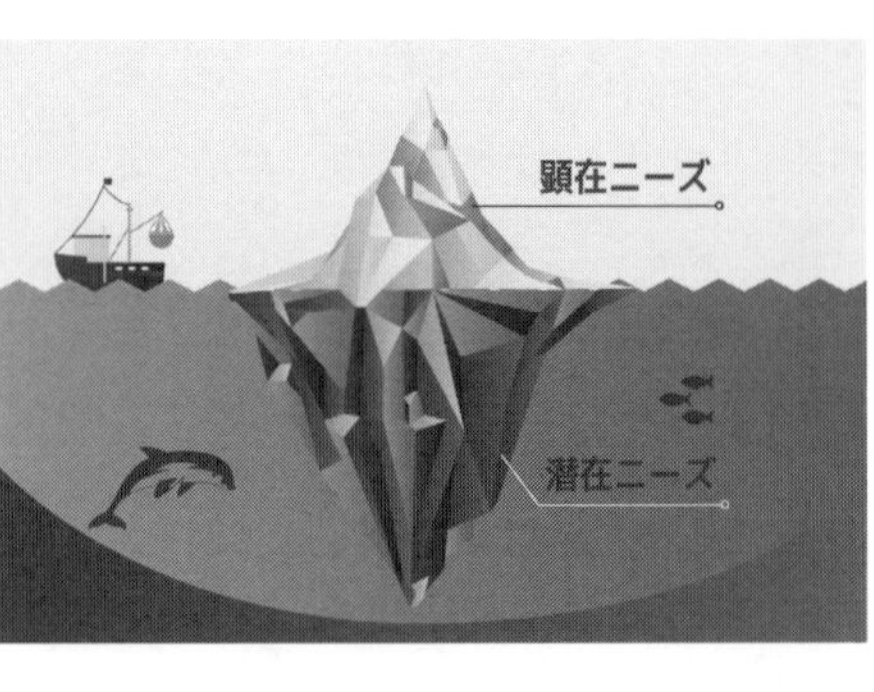

③ プレゼンテーション

このプロセスでは、前述の「ニーズ確認」のプロセスで確認した「潜在ニーズ」に対して、解決策をお伝えします。生命保険は同じ商品でも、いろいろな角度から説明をすることができます。「ニーズ確認」で明確になった「潜在ニーズ」に、ピンポイントで響くような商品説明をします。

セールスにおいて一番大切な事は、その「商品を魅力的に伝える」プレゼン話法だと思っている人がいますが、そうではありません。「お客様の心」に響き、その後の「行動に移してもらえる」プレゼン話法が重要なのです。プレゼンテーションの成功は、前段階の「ニーズ確認」にかかっています。

④ **クロージング**

生命保険の商談は、お客様が加入すると決意し、そのための行動に移してもらわないと成功しません。商品自体を良いと思っていても、また、論理的には納得していたとしても、それを「申し込むという行動」に移してもらわないと意味がないのです。それでは、クロージングの段階まできたお客様が、申込みに思い切れない理由は何なのでしょうか。それは「お金を支払う痛みへの恐怖」です。そこでクロージングでやることはただ1つ、お客様の「お金を支払う痛みに対する恐怖」を取り除くことです。

この様に、生命保険のセールスでは、4つのプロセスを「順に」追っていくことが大切です。1つ飛ばしてもいけませんし、順番を入れ替えてもいけません。時間がないとついつい「アプローチ」をないがしろにしてしまったり、お客様のニーズはここにあるだろうと、自分で勝手にお客様の「ニーズ」を決めて、商品のプレゼンテーションをしてしまったりします。しかし、急がば回れです。時間をかけて、この「順番」でプロセスを踏んでいくことが成功への近道なのです。

作用と反作用

私は大学で数学を専攻していたのですが、物理学を学びたいと思った時期もあります。物理学の面白いところは、世の中にある目に見えないものをルール化できるところにあります。机の上に重たい物体を置いて、右から左、左から右へ動かすと、加えている力が物体の移動に利用されたり、摩擦熱で机が熱くなったり、音としてエネルギーが発散されたりします。作用に対して、様々な形で反作用が現れるのです。

そこで、セールスにも「作用」と「反作用」の関係があり、法則のようなものが成り立つのではないかと考えました。

セールスにおける「作用」と「反作用」を知る

セールスのプロセスをうまく進めるためには、お客様にどの様に働きかけると、どの様に返ってくるかという、「作用」と「反作用」への理解が必要です。**一つの働きかけによって多くのお客様が行動するであろう法則**が分かると、一つ一つのプロセスを効果的に進めることができます。

そしてこれが「行動経済学」です。「行動経済学」とは、まさにセールスにおける物理学の様なものなのです。セールスパーソンがどのような動きをすれば、お客様からどのような反応が得られるかを学び、理解することで、効率的にセールスを進めていくことができます。

それでは次のページから、一つ一つ解説していきます。

2

アプローチ前

1 見て見ぬふりはさせない

お客様と老後の話をしたいのですが、老後の話題についてお客様がなかなか直視してくれません

どうすればお客様に、今後ご自身が抱える問題点に向き合ってもらえるのでしょうか。そこで、押すとリッチになる効果、「オストリッチ効果」についてです。

■オストリッチ効果
都合の悪い状況におかれた時、その状況についての情報を得ようとしないこと

「オストリッチ効果」という言葉を聞くと、ついついダジャレが思い浮かびますが、決して押すと裕福になる効果ではありません。オストリッチとは、すなわちダチョウです。

ダチョウは、敵が現れて危険に遭遇すると、土の中に頭を入れて見て見ぬふりをするという俗説から、嫌なものに対して目を背けるという人間の習性のことを「オストリッチ効果」といいます。（実際は、ダチョウがこの様な行動をとることはないそうです。）

では、これをどうやってセールスに使うかというと、アプローチ前の雑談の段階でこの「オストリッチ効果」についてお客様にお話しをしておきます。

例えばこんなやり取りです。

セ　コロナ禍なのに、国はオリンピックをやる前提で良い情報しか見せていない気がしますね。

客　そうだよね。安心・安全とは言っているけどね。

セ　都合の悪い情報から目を背けるのは良くあることですよね。昔、日経新聞の株価欄に強くなろうと思って、株式を購入しました。でも、株価が下がると見るのが嫌になって……結局前より新聞を見なくなった記憶があります。こういうのを「オストリッチ効果」というらしいですよ。

2021年、コロナ禍において東京でオリンピックが開催されました。オリンピックを開催するに当たって、政府は「安全・安心の中で開催をする」と強くアピールしていました。でも、少し疑問に思うことはありませんでしたか？　何かまずい情報に蓋をしているんじゃないかな？ということです。そこで、お客様にそんな気持ちをまず共有してみましょう。

その後、私も実は社会人になった時に、日経新聞の株価欄に強くなろうと思って、株を購入したことがあるんです。でも株価が下がってくると、株価欄を見ることが嫌になって……日経新聞自体を全然見なくなってしまいました、と自分の話をします。

そして、これを「オストリッチ効果」というんですけど、お客様、ご存じですか？と質問をしてみてください。そうすると、ほとんどのお客様は、「オストリッチ効果？」と返答されます。

その時にすかさず、冒頭でお話をしたダチョウの話をします。

できればジェスチャーも交えて、ダチョウが目を背けて頭を土の中に突っ込んでいる様子を再現してみましょう。そうすると、お客様は笑いながら、「バカだねー」とおっしゃいます。これが大事です。バカだねーと言ってもらいましょう。

その後すかさず、

「今回のお話は老後資金のお話です。老後はまだまだ先のことなので考えたくない、というお客様が多いのですが、○○様はいかがですか？」と質問してみましょう。

お客様の頭には、ダチョウの姿が浮かんでいます。「先のことだから、まだ考えたくないよ」とは言えないはずです。

この様に、セールスの話をする前の段階で、お客様に「オストリッチ効果」について説明をしておくことがポイントです。ちょっと胡散臭いと思われたかもしれませんが、大事なことは、お客様に**本来向き合うべき問題にしっかりと向き合っていただくこと**です。

人には、見たくない物に対して、見て見ぬふりをする習性があります。お話をしているそのお客様だけがそうなのではありません。嫌なことから逃げるのは、決してあなただけでなくて、人間そのものの習性なんですよ、ということをお互いに共有することで、その後、お客様と真面目な話をしやすくなるのではないでしょうか。

3

アプローチ

2 関係構築はラポールで

初めてのお客様とお会いすると、人間関係の構築がうまくできません

お客様と何度もお会いして、長く話をしていけば、お客様との距離はだんだん縮まっていきます。しかし、セールスの場面では、そんな悠長なことは言っていられません。できるだけ早い段階で、お客様と距離を縮める必要があります。そのためには、早々に「ラポールを築く」ことが大切です。

■ラポール
フランス語で「橋を架ける」という意味から、心が通じ合っている関係、信頼しあっている関係、相手を受け入れている関係、ということを表す

「ラポール」とは、心が通じ合う関係、信頼し合っている関係を表す心理学用語です。この、「ラポールを築く」ことで、お客様との距離がグッと、そして早く縮まるのです。

そこで、「ラポールを築く」ためのテクニックを3つご紹介します。この3つを意識するだけで、お客様はセールスを早々に受け入れ、信頼してくださるでしょう。

ミラーリング

「ミラーリング」とは、「ミラー」＝「鏡」という言葉から分かるように、相手のしぐさや姿勢、行動等を真似ることをいいます。例えば、お客様がコーヒーを飲んだら、自分も同じタイミングでコーヒーを飲んだり、お客様が脚を組んだら、自分も脚を組んだりします。

私たちは、自分と同じ動作を取る人を見ると、安心感や親近感を覚える様になっています。ということで、この「ミラーリング」を行うことで、お客様はセールスに好意や安心感を持つようになるのです。

ただ、ずっと同じ動作をしてしまうと、お客様もわざと真似されていると気付き、イラっとしてしまったり、逆に不信感を抱かれてしまいます。やり過ぎに気を付け、さりげなく真似る程度にしましょう。

この「ミラーリング」を応用して、お客様と世界観を合わせるのも効果的です。

私は以前、大変厳しい人と仕事を一緒にすることになり、どうやったらその人に信頼してもらえるかを考えました。そこで、世界観を合わせることを意識することにしました。その人は歴史の話が好きで、よく歴史の言葉を使っていたので、私もそれに合わせて、一緒に仕事に取り組む際に「いざ出陣ですね」なんていう言い方を敢えてしました。たったこれだけのことですが、こうすることで相手がすごく打ち解けた様に感じたのです。

この様に、相手の世代や性別、趣味等に世界観を合わせるというのも、「ミラーリング」の1つです。

ペーシング

「ペーシング」とは、話す内容、話すスピード、トーンなどを相手に合わせることをいいます。例えば、お客様がゆっくり話す人であれば、自分もゆっくりしたペースで話します。お客様が早口な場合は、セールスも少し早いスピードで話します。たまに、早口なお客様が早口で話をしているのに、セールスがゆっくり話をしている、こんな場面を見ませんか？その時お客様はイライラしているように見えませんか？

他にも、お客様とトーン（熱量）を合わせましょう。お客様が、低いトーンで話をしているのに、セールスが常にテンション高く大きな声で話をしてしまうと、お客様から「このセールスとはなんだか波長が合わないな」と思われてしまい、親近感を持ってもらえません。

ペーシングを意識することで、お客様の共感を得やすくなり、商談がスムーズに進む様になります。

さらに、最近はお客様に直接お会いするだけでなく、メールやSNSでコミュニケーションを取ることもありますよね。メールやSNSでのコミュニケーションの場面でも、このペーシングを意識してみてください。例えば、お客様から5行のメールが来たら自分も5行のメールで返す、お客様から3つに分けてLINEが来たら自分も3つに分けたLINEを返すといった様に、メール文やメッセージのボリュームを合わせることを意識しましょう。お客様から2行しかメールがきていないのに、セールスが30行のメールを返信したり、お客様から3つのメッセージしかきていないのに、10個のメッセージを続けて送ったら、「なんだかこのセールス重たいわ」と思われてしまい、距離を置かれてしまうでしょう。

バックトラッキング

「バックトラッキング」とは、日本語では「オウム返し」のことをいいます。お客様が言った言葉をそのまま繰り返します。

例1

客　先日、子供とディズニーランドに行ったんです。
セ　お子様と、ディズニーランドに行かれたんですね。

例2
客　この前見た映画が面白かったんです。
セ　ご覧になった映画が面白かったんですね。

この様に、お客様が言った言葉をそのまま繰り返すことによって、話を聞いている、理解してる、ということを示すことができ、お客様は安心感や信頼感を得られます。
ただしこの時、お客様の言った言葉を似た言葉に変えてしまうと、違う意味合いで捉えられ、信頼感を得られないことがあるので注意しましょう。

NG例
客　この前見た映画が面白かったんです。
セ　楽しかったんですね。

ここまで、「ラポールを築く」ための3つのテクニックをご紹介しました。いずれも、お客様に心を開いてもらうためのテクニックですが、やり過ぎたり、テクニックとして割り切ってやってしまうと、かえって不信感を抱かれてしまいます。**お客様を本気で想う気持ちがなければ、伝わりません**し意味がありません。

実際のセールスの場面では、お客様とお会いする度に「ラポールを築く」ことを心がけてみてください。特に、アプローチの段階は、初めてお客様とお会いする段階です。お客様はセールスに対して警戒心を持っています。この3つのテクニックを意識して実践することで、なるべく早く距離を縮めることができます。慣れるまでは少し難しいかもしれませんが、是非試してみてください。

3 損から切り出す

すごくいい話なので聞いてください！と言っても、お客様が全然話を聞いてくれません

私たちがお客様にお勧めをする生命保険というものは、お客様が本当に困った際に役に立つ素晴らしい商品です。その素晴らしい商品をお客様にご理解いただきたいと思って、アプローチするわけですが、多くの場合こんなアプローチをしてしまいます。

セ「お客様、いい話なので聞いてもらえませんか？」

客「今のところ間に合ってます」

こんなアプローチでは、なかなか話を聞いてもらえないですよね。では、どうすればいいのでしょうか。

人は「得する話」より、「損する話」に興味を持ちます。「損失回避性バイアス」がかかるのです。そのため、アプローチ段階での話しかけ方に、工夫が必要です。

■損失回避性バイアス
「報酬」よりも「損失」の方を大きく評価するバイアスのこと

突然ですが、質問を2つします。

Q1　あなたにお金を差し上げます。AとBどちらを選択しますか？

A　必ず80万円差し上げます。

B　100万円差し上げます。ただし、クジを引いてください。100本中15本はハズレです。ハズレを引いた場合は1円も差し上げません。

Aは必ず80万円もらえます。Bはもしかしたら100万円もらえるかもしれませんが、もしかしたら1円ももらえないかもしれません。確実に80万円をもらうのか、0円になるリスクを覚悟の上で100万円もらえるかもしれないクジに挑戦するのか、皆さんはどちらを選択しますか？

少し考えてみてください。

ではもう1つの質問です。

Q2 あなたにお金を支払ってもらいます。AとBどちらを選択しますか？

A 必ず80万円支払ってください。

B 100万円支払ってください。ただし、クジを引いてください。100本中15本はアタリです。アタリを引いた場合は1円も支払う必要はありません。

今度は「支払う」という場面です。

Aは必ず80万円支払ってください。Bはもしかしたら100万円を支払わなくてはいけないかもしれませんが、もしかしたら1円も支払わなくていいかもしれません。確実に80万円を支払うのか、100万円支払うリスクを覚悟の上で0円になるかもしれないクジに挑戦するのか、皆さんはどちらを選択しますか？

こちらも少し考えてみてください。

さて、2つ質問をしました。1つは「もらえる」という場面、もう1つは「支払う」という場面、言い換えると、「得する場面」と「損する場面」です。

それでは答えを見ていきましょう。

まずは「得する場面」です。

「得する場面」で多くの人がどちらを選択するかというと、「A」です。

皆さんも「A」を選ばれたのではないでしょうか？

「もらう」という場面では、確実に80万円をもらうという方を選ぶ人が多いのですが、期待値＝事象が発生する確率を見てみるとこうなります。

Aは、確実に80万円もらえるので、期待値は＋80万円です。

一方でBは、100人中15人は0円、85人は100万円なので、期待値は＋85万円となります。

これを見ると、期待値は「B」の方が高いのです。ということは、論理的には「B」を選んだ方が得をするはずです。しかし、多くの人は「A」を選びます。

それでは「損する場面」の方はどうでしょうか。
「損する場面」で多くの人がどちらを選択するかというと、「B」です。
皆さんも「B」を選ばれたのではないでしょうか？
「支払う」という場面では、確実に80万円支払うということを選ばずに、100万円支払うリスクがあるけれども、1円も支払わなくていいかもしれない、という可能性を多くの人が選択します。

こちらも、期待値＝事象が発生する確率を見てみましょう。

Aは、確実に80万円支払うので、期待値はマイナス80万円です。
一方でBは、100人中85人は100万円、15人は0円なので、期待値はマイナス85万円となります。

こちらは、期待値は「A」の方が高くなります。ということは、論理的には「A」を選んだ方が損をしないはずです。しかし、多くの人は「B」を選びます。

この様に、人は得をする方、損をしない方を選びたいと思っているにも関わらず、感情にまかせて、得をしない方、損をする方を選んでしまいます。

これがどんな場面で顕著に現れるかというと、株式や投資信託の売買の場面です。株式と投資信託は、買い時よりも、売り時がとても大事だと言われます。ところが、株価の上昇局面では、ちょっと値上がりをしたところで利益を確定して売却してしまう、ということはありませんか？持ち続けていればもっと株価が上がる可能性が高いにもかかわらずです。

逆に、株価の下降局面においては、ちょっと損失が出たところで損切をすればいいのに、そのまずるずると持ち続け、その後どんどん値下がりしていき、結局売却できずに塩漬けにしてしまう、ということはありませんか？

こういった場面で、人は「損失回避性バイアス」の影響を非常に強く受けているのです。

それではこの「損失回避性バイアス」をセールスに応用してみましょう。

冒頭でもお話したとおり、私たちが提案する生命保険というものは、お客様が不測の事態に陥った時に役立つ素晴らしい商品です。そんな素晴らしい商品を扱っているセールスパーソンは、その素晴らしさを何とかお客様にお伝えしようと、「いい話があるんです！」とアプローチしてしまいます。しかし、これではお客様は話を聞いてくれません。

お客様の立場に立ってみてください。お客様はセールスから話を聞いたら、何かを提案される、何かに申し込まなくてはいけない、と警戒しています。ですから、「得する話」というのは、「聞かなくても得しないだけなので別にいいわ」となるわけです。

しかし、**「話を聞かないと損をしますよ」というアプローチをすれば、「損をするなら聞かないといけないかしら」となり、話を聞いてもらえる確率が上がります。**

アプローチの段階では、

×「今回私がお話するのは、聞いて得をする話です。是非聞いてみませんか?」

ではなく、

〇「今回私がお話するのは、聞かないと損をする話です。是非聞いてみませんか?」

といったように、「聞かないと損をする」ということを強調してみましょう。

そうすることで、お客様に「損失回避性バイアス」が働き、「損をするなら聞かなくちゃ」という考えから話を聞いてもらえる様になります。

4 きっかけの作り方

お客様と雑談をしてその場の空気は和ませられるのですが、そこから商談に切り出すときの、きっかけトークに苦労します

商談の場で、お客様と会って一番初めに何をするかというと、「お客様との距離を縮める」ということをしますよね。そのために効果的なのが「雑談」です。例えば、今日の天気とか、お客様の身に付けているアクセサリーを褒めたりとか、そんな話をして、少しでもお客様との距離を縮められる様にすると思います。

そしてその場の空気が和やかになったところで、お客様のニーズを確認し、商品を提案するプレゼンテーションに移っていく、この様にセールスのステップを踏んでいくわけですが、初めの雑談から次のニーズ確認に進む場面で、ブツッと話が切れてしまうというケースがよくあります。

それは、雑談をしてせっかくその場の空気が和んだのに、次のニーズを確認する段階に移る時に、「ところで」とか、「ちなみに」というフレーズを使ってしまうからです。ちなみに、この「ちなみに」という言葉、だいたい前の話とちなんでないですよね。

そこで、雑談からスムーズにニーズ確認に移るために「ディドロ効果」を活用します。

■ディドロ効果
フランスで活躍した思想家ドゥニ・ディドロ氏が書いたあるエッセイに由来、新しいモノを1つ取り入れると、そのモノに周りを統一させたくなるという効果

「ディドロ効果」とは、18世紀にフランスで活躍した思想家ドゥニ・ディドロ氏が書いたあるエッセイに由来します。

エッセイの内容は、こうです。

みすぼらしい書斎の住人で、みすぼらしいガウンを着ていたディドロ氏は、ある日友人から緋色のガウンをプレゼントしてもらいます。その緋色のガウンを気に入ったディドロ氏は、みすぼらしいガウンを捨ててしまいます。そしてしばらく経つと、書斎に掛けてあるタペストリーが古くなっていて、新しいガウンと調和がとれていない様に感じます。タペストリーを新しいものにすると、今度は椅子の古さが気になります。結局、これまで書斎にあったほとんどの物が新しいガウンと調和していない様に感じ、ほとんどの物を新しくしてしまいます。そうしたことで、ディドロ氏にとって、かえってその書斎は居心地の悪い場所になってしまいました。

このエッセイを「所有物の調和を求めて次々とモノを消費してしまう」ことの例えとして、文化人類学者のグラント・マクラッケン氏が「ディドロ効果」と名付けました。

人には元々、一貫性を持った行動を取ろうとする性質があります。皆さんもこんな経験はありませんか？

例えば、家を購入して引っ越しをしたら、これまで使っていた家具が新しい家に合っていない様に感じ、新しいダイニングテーブルやソファーが欲しくなったり、新しくランニングシューズを購入したら、ランニングウェアも新しいものにしたくなったり、これがディドロ効果です。

それではこれを、セールスに応用してみましょう。

セールスに応用するには、初めの雑談の場面で、ただお客様と仲良くなることだけを考えるのではなく、その後のニーズ確認につながる様な「戦略的な雑談」をします。戦略的な雑談から「ディドロ効果」を使うことで、ニーズ確認や商品のプレゼンにつなげることができるのです。

ではこの、「戦略的な雑談」というのはどうやったらできるのでしょうか？
それは、一番最初のアプローチの段階で、「どれだけお客様の事を聞けるか」にかかっています。お客様の事をたくさん聞いて、その後のニーズ確認につながりそうな話題が出たら、そこを掘り下げていきます。特に、お客様が最近購入されたモノについては、それをなぜ購入したのかを聞いていくと、その後のニーズ確認につながる確率が高くなります。

例えば、

セ 最近購入されたものはありますか？
客 カーテンを買い替えたわ。
セ 何か理由があって買い替えたのですか？
客 緑色にしたんだけど、心を落ち着ける効果があるって聞いたから。
セ そうなんですか。カーテンを購入すると、カーテンに合わせたスリッパを買い替えたくなる、なんて方がいらっしゃるんですけど、スリッパは購入されないんですか？

といったように、お客様が購入したモノを一緒に想像し、そこに合わせたものを提案することで、「ところで」や「ちなみに」という言葉を使用せずに、ニーズ確認に移行することができます。

生命保険の場合は、例えば次の様な事が聞けたら「ディドロ効果」を使う絶好のチャンスです。

・家を購入した

↓大きな金額の物を購入後は家計を見直す絶好のタイミング

・住宅ローンを借り換えた

↓何か大きな変化があった際は家計を見直す絶好のタイミング

・子どものランドセルを買いに行った

↓子どもの入学等、大きなライフイベントがある際は家計を見直す絶好のタイミング

・大きな家電を買い替えた

↓古い家電を新しいものにすることで節電が見込めることから、お金の流れについても見直す絶好のタイミング

大切なことは、「雑談」を「雑談」で終わらせず、**ニーズ確認につながる「戦略的な雑談」を行うこと**です。その場の雰囲気を和ませるために、ただひたすらお客様の「雑談」に付き合う人がいますが、セールスの目的は生命保険をお申込みいただくことです。本当の「雑談」をしていても意味がありません。お客様の行動変化を見逃さない様に、始めの段階でお客様の事をたくさんヒアリングして、ニーズ確認につなげられる話題をキャッチしましょう。

5 目標達成のコツ

目標を達成できません。どうしたら目標を達成できる様になりますか?

セールスを続けていく上で、「目標達成」はとても大切です。ではどうしたら目標を達成できるのか、それは非常に簡単です。

「目標の数字を常に見えるところに貼っておく」

なんだ、そんなこととっくにやってるよ、とおっしゃる人が多いと思います。ところが昨今、テレワークが普及し、出社することが少なくなった人が多い中、必然的に「目標数字」を目にすることが少なくなりました。そこで、「目標数字」を、普段仕事をする場所に貼ってみてください。テレワークが多い方は、ご自宅の仕事スペースに貼ってみましょう。

家にまで「目標数字」を貼るなんて、追い詰められるから嫌なんだけど、とおっしゃるあなた、目に見えるところに「目標数字」を貼るということは、「目標達成」においてとても効果的なのです。

そこで今回は、「プライミング効果」についてです。

■プライミング効果 先に受けた刺激が、その後の行動や判断に無意識に影響を与える心理効果のこと

「プライミング効果」とは、先に受けた刺激が、その後の行動や判断に無意識に影響を与える心理効果のことをいいます。先に受ける刺激のことを「プライマー」といい、プライマーによって影響を受ける後続の刺激のことを「ターゲット」と言います。

具体的にどういう効果かというと、小さい頃、こんな遊びをしませんでしたか？

A 『シャンデリア』って10回言ってみて。

B シャンデリア、シャンデリア、シャンデリア、シャンデリア………

A　毒リンゴを食べたのは？
B　シンデレラ！
A　ブッブー、白雪姫でした

もしくは、

A　『ピザ』って10回言ってみて。
B　ピザ、ピザ、ピザ、ピザ…………
A　（肘を指さして）ここは？
B　ひざ！
A　ブッブー、ひじでした。

これが「プライミング効果」です。

直前に言われたことが、無意識に行動に影響を及ぼすのです。この遊びはあまりにも直接的ですが、間接的には、私たちは気付かないところで「無意識に」様々な影響を受けています。

例えば、ヒマワリ畑の情景を思い浮かべてもらった後、しばらくしてから、「何か果物を思い浮かべてください」と言うと、ヒマワリ→黄色→バナナということで、バナナと回答する人が統計上多くなるそうです。果物を考えている本人は、前述のヒマワリ畑が影響を及ぼしているとは感じていません。このように少し離れたところに影響を及ぼすのが、間接的な「プライミング効果」です。

冒頭の、自宅に「目標数字」を貼るというのは、どちらかというと直接的なプライミングです。ただ、自分自身への動機づけなので、直接的であってもいいと思います。本当に効果があるのか、ないのかと、考えしまう人もいるかもしれませんが、「目標数字」を貼ることにコストはかかりません。まずはやってみるということが大事です。

では、この「プライミング効果」をセールスに応用してみましょう。セールスの場面ではこの様な使い方ができます。

① 会社名をノベルティに記載する
② サービスや商品の推したいポイントをノベルティに記載する
③ 事前にサービスや商品に関連するアンケートを取る
④ 定期的にニュースレターを送る

① 会社名をノベルティに記載する

ノベルティのボールペンに社名を記載しておくことで、記載した社名が「プライマー」となります。そして、保険を提案しようと思った際に、無意識にその会社の保険を提案してもらえることが期待できます。

② サービスや商品の推したいポイントをノベルティに記載する

ノベルティに「介護の備えは『要介護1』から！」と記載しておくことで、「要介護1」で給付金が出る介護保険を提案する人が増えることが期待できます。

③ 事前にサービスや商品に関連するアンケートを取る

「健康のために心がけていることはありますか?」など、一見保険とは関係のない質問を投げかけておくことで、「保険」へ無意識に関心が湧くことが期待できます。

④ 定期的にニュースレターを送る

既契約のお客様へ、セールスパーソンの顔写真や顔のイラスト付きで、定期的にニュースレターを送りましょう。そうすることで、保険について何か相談事ができた際、真っ先にその人を思い出してもらうことが期待できます。

このように、何かあった際に脳内で無意識に自分を関連付けて思い浮かべてもらえる様、「プライマー」をたくさん作っておくことが大切です。ただし、直接的な「プライマー」ばかりだとお客様から、「商品を売り込まれるのでは！」と警戒されてしまうため、さりげないやり方で「プライマー」を作っておきましょう。

「プライミング効果」というのは、先に与えたプライミングの刺激が、後の行動に影響を及ぼすものです。そのため、アプローチの前段階かアプローチの段階で、いかに多くの情報を、いかに多くの「プライマー」をお客様に提供しておくかということが肝となります。**事前に「プライマー」を提供しておくことで、自然とこちらがイメージしてもらいたいものに促すことができる**のです。

「プライマー」は、会社名であったり、サービスの内容であったり、商品の名前であったり、場合によってはセールスパーソンの名前であったり、様々なものが考えられます。そしてそれは多ければ多いほど効果的です。様々な仕掛けを考えてみてください。

6 断らせない

アプローチの段階でお客様にお断りされるのが辛いです……

アプローチの段階、最初のアポイントを取る段階でお断りされること、多々あると思います。まだ何も話していないのに、「保険会社です」と名乗るだけで拒絶されることもあります。でも、断るならせめて少し話を聞いてからにしてもらいたいですよね。そこで、アプローチの段階で断られにくくする方法、「フット・イン・ザ・ドア」についてです。

■フット・イン・ザ・ドア
一貫性の法則を活用した交渉術
簡単な要求から始めて、徐々に本当の要求をしていく方法

「フット・イン・ザ・ドア」とは、いきなり本当の要求をせずに、簡単な要求から始めていくことを言います。人には「一貫性の法則」という、無意識のうちに態度や行動に一貫性を持たせようとする心理があるので、一度要求にOKしたら次の要求もOKしやすくなるのです。「フット・イン・ザ・ドア」はこれを活用したテクニックです。

例えば夫婦の会話では、この様な感じです。

妻 帰り道のコンビニで、牛乳を買ってきてくれない？

夫 いいよ。

妻 ありがとう。

夫 他に買うものはない？

妻 駅の反対側にある酒屋さんで、ワインも買ってきてくれない？

夫 んー、わかったよ。

妻 ありがとう。ついでにちょっと先にあるケーキ屋さんで、ケーキも買ってきてくれない？

夫 えー、しょうがないなぁ。

妻は、本当はワインとケーキが欲しかったのですが、いきなり帰り道と反対にある店で買い物をしてきてほしいと頼むと、断られると思いました。そこで、まずは帰り道にあるコンビニでの買い物をお願いし、ＯＫしてもらってから、離れた場所での買い物をお願いします。帰り道にあるコンビニであれば、大抵断られません。この様に、最初に低いハードルを乗り越えてもらい、その後で本題である高いハードルを乗り越えてもらうのが「フット・イン・ザ・ドア」です。

この時大切なのは、最初の低いハードルから、最後の本題まで内容を一貫させることです。この例の場合は、「食べ物」を購入してきてもらうという一貫性があります。

実際にこんな実験がありました。

スタンフォード大学の社会心理学者である、ジョナサン・フリードマン氏と、スコット・フレイザー氏が行った実験です。

街の住人に、「安全運転を心がけましょう！」という看板を家の庭先へ立てさせてくださいとお願いすることにしました。その際、まずは「窓に交通安全に関するステッカーを貼ってください」とお願いして、ＯＫをもらってから、「看板を庭先へ立てさせてください」とお願いした時と、いきなり「看板を庭先へ立てさせてください」とお願いした時、どちらの方がＯＫしてもらえたかを調べるという実験です。結果はもうお分かりですよね。

まずは、小さなお願いである、「窓にステッカーを貼ってもらえませんか」というお願いをした方が、庭先に看板を立てさせてもらえる確率が3倍も高かったのです。

他にもこんな実験がありました。

アメリカの心理学者、スティンプソン氏が女子大生に行った実験です。

「大学から数マイル[*1]離れた場所まで行き、そこで木を植えてほしい」とお願いすることにしました。その際、まずは「環境問題に関するアンケート」に答えてもらい、その後「数マイル離れた場所へ行き、木を植えてきてください」とお願いした時と、いきなり「数マイル離れた場所へ行き、木を植えてきてください」とお願いした時、どちらの方がOKしてもらえたかというと、もう答えを言うまでもありませんね。

お願いをされた側にたって考えてみると、どのようなことが起こっているのでしょうか。

人には、小さな依頼に対応したら、その後の大きな依頼も聞かなくてはいけないという風に、知らず知らずのうちに感じてしまっているのです。

それではこれを、セールスに応用してみましょう。

アプローチの段階で、いきなり商品の話をしてしまってはお断りを受けてしまいますよね。もしくは、アポイントを取ろうとしても、保険会社と聞くだけでお断りをされてしまうかもしれませ

＊1：マイル≒1・6キロメートル

ん。そこで、「契約していただかなくて結構ですので、お話だけさせてください」とか、「まずは名刺のお渡しだけさせてください」といった様に、**低いハードルを提案してみてください。**そうすることで、「話ぐらいは聞いてもいいかな」とか、「名刺をもらうだけなら会ってもいいかな」と、OKをもらいやすくなります。

「フット・イン・ザ・ドア」というのは、低いハードルを乗り越えていただき、そのあと本題である高いハードルを乗り越えていただこうという方法です。後半のページで「ドア・イン・ザ・フェイス」という似た様な方法について説明しています。「ドア・イン・ザ・フェイス」というのは、乗り越えられない高いハードルをまずは断っていただき、その後低いハードルを提案して承諾していただくという方法です。どちらを活用するか悩むと思いますが、提案の内容や、お客様の性格によって使い分けてみてください。

7 購買意欲を高める

上司からお客様を褒める様に言われました。でも、お客様を褒めるって、おべっかを使うみたいで苦手なんです

私が新人だった頃、先輩から「お客様の事を褒めると商談が上手くいくよ」とアドバイスを受けました。ただその時私は、お客様を褒めるって、なんだかお客様に対しておべっかを使うようで嫌だなと思った記憶があります。しかし、お客様を「褒める」というのは、セールスに良い影響を及ぼすのです。

そこでまずは、「褒める」とどんな良いことが起こるのかを見てみましょう。

「人は褒められて嫌な気分はしない」

人は褒められると、嫌な気分はしません。褒められると、気分が高揚して「嬉しい」という気持ちになります。そして明るくポジティブな気持ちになるのです。この「明るくポジティブな気持ち」というのが、セールスにおいてはとても重要です。

そこで、NFLスーパーボウルの事例を見てみましょう。

NFLのスーパーボウル、聞いたことがある方は多いと思います。全米で1億人以上の人が視聴するというスポーツのビッグイベントです。NFLスーパーボウル中のテレビ広告の広告費は、30秒で500万ドル（約7億円）と言われています。たった30秒で7億円です！　この広告を出稿する企業は、7億円かけても効果があると思い広告を出すわけです。実際に広告を見た、18歳から54歳の人のアンケート結果では、30%以上の人が「このCMによって購買意欲をそそられた」、と回答しています。

それはなぜなのでしょうか。このNFLスーパーボウルは、物を購入することを促す力が強いということです。要するに、試合を観戦することで気分が高揚し、その高揚が「物を購入する」ことにつながるのです。そこで「気分一致効果」をご紹介します。

■気分一致効果

1981年　アメリカの心理学者ゴードン・H・バウアー氏が提唱

気分と一致する感情的な記憶が、次の行動を促進するという効果
気分が高揚している時、物事はポジティブに捉えられる
気分が沈んでいる時、物事の判断や行動はネガティブになる

「気分一致効果」とは文字どおり、「気分が一致する効果」のことをいいます。気分が何に一致するかというと、気分が高まっている時は積極的な行動を起こし、気分が落ち込んでいる時はネガティブな行動を起こすということです。つまり、「購入する」というポジティブな活動は、気分が高まっている時に行い、気分が落ち込んでいる時には行わないのです。

テレビショッピングを思い出してみてください。どのテレビショッピングも、出演者のテンションが異常に高いと思いませんか？　番組の演出も大袈裟に感じられると思います。しかしあれは、「気分一致効果」を狙っての演出なのです。テンションの高い出演者を見ているうちに気分が良くなって、紹介されている商品が良い物に見えてくるのです。

ということで、お客様を褒めて気持ち良くなっていただくということは、セールスにおいてとても効果的です。

一方で、ここが生命保険のセールスにおいてとても難しいところですが、生命保険の必要性をお客様に感じていただくには、不安を感じてもらわなければいけません。不安を感じていただくと、その場の雰囲気は暗くなってしまいます。しかし、「購入」していただくためには、気分を上げていただかなくてはいけないのです。そのため、お客様を褒めることで少しでもお客様の気分を上げておく必要があります。


それではこれを、セールスに応用してみましょう。

まずはその日の本題に入る前に、お客様を褒めて気持ちよくなってもらいます。

「なんだか明るい顔をされていますね。良いことでもあったのですか？」

ここでお客様に悪い事しか起こっていなかったら、その日の提案は止めた方が無難です。

良い事が聞けたら、お客様に起こった良い事を、自分事の様に喜んで共感し、その場の雰囲気を明るくしておきましょう。


アプローチの段階で、できるだけ**ポジティブな発言をしていただけるような雰囲気づくりをします。**その後、お客様がお話いただいた内容に共感し、どんどん気分を高めていただくということが大切です。気分を高めていただくことで、購買意欲が高まり、成約につながる可能性も高くなります。お客様を「褒める」ことは、おべっかを使うことではありません。成約につながる行動なのです。お客様はどんどん褒めましょう。

8 苦手な人とは〇〇する

苦手なお客様がいて、会いに行くのが億劫です

私がセールスを始めた頃、苦手なお客様がいて会いにいくのが嫌だなと思っていました。すると上司から、「苦手なお客様がいるんだったら、その人にこそ何度も何度も会いに行くようにした方がいいよ」と言われました。上司が言う様に、何度も何度も会うことで、相手との距離が縮まるとよく言われますが、これは本当なのでしょうか?

これは事実です。

例えば、初めてお客様に会いに行った際、お客様は初めて会うセールスとは距離を置いて、「この人はどういう人なのだろう?」といういぶかしい顔をされます。しかしその後、何度も何度もそのお客様とお会いするうちに、さして素晴らしく響く話をしなかったとしても、お客様から「先日

はありがとうございました」、と言ったように挨拶をされる、つまりお客様が、自分に対して親近感が湧いて好意が高まってきた、という経験をされたことはありませんか？これが、ザイアンスの「単純接触効果」です。

■単純接触効果
1968年　アメリカの心理学者ロバート・ザイアンス氏が提唱
何度も目にする馴染みのものには、好意が高まる効果

「単純接触効果」とは、接触する機会が増えると、その相手に対して親しみが増したり、好意が高まる効果のことを言います。アメリカの心理学者ロバート・ザイアンス氏が提唱したものですが、彼は2つの実験を行いました。

まず1つ目の実験は、大学生を被験者として行いました。卒業アルバムに12人の写真があり、この写真を被験者に見せて、どの写真に好意を抱いたかという結果を確認します。その12人の写真ですが、とある2人の写真は0回の接触回数、とある2人の写真は1回の接触回数、といったよう

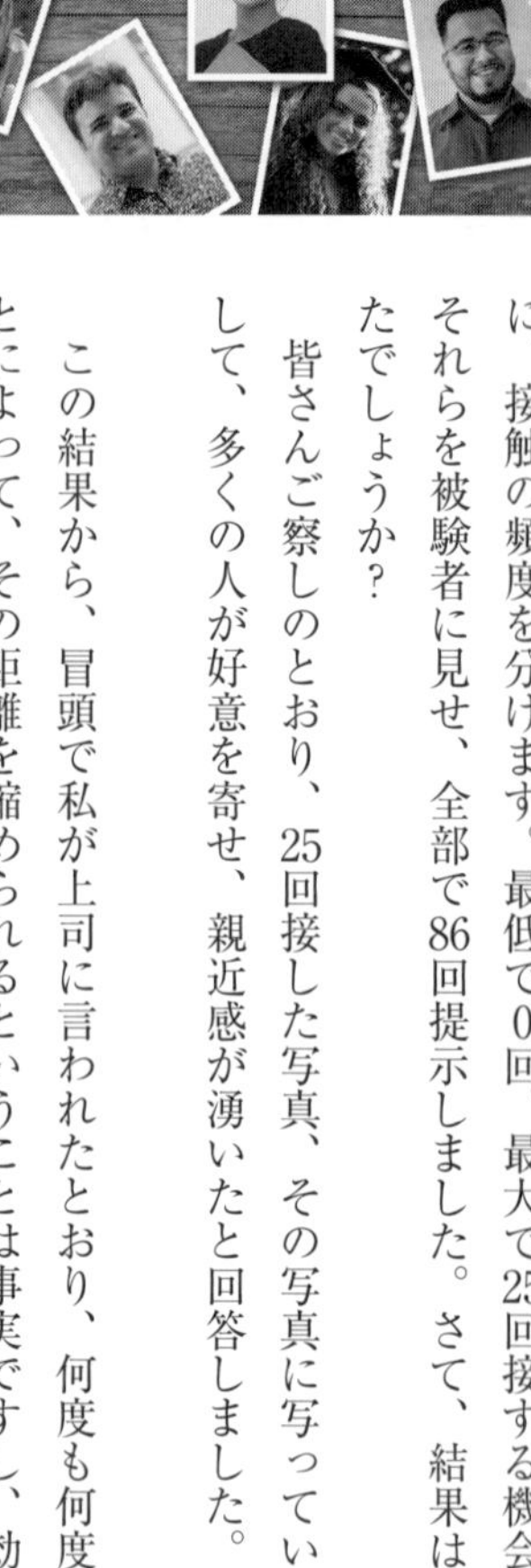

に、接触の頻度を分けます。最低で0回、最大で25回接する機会を作り、それらを被験者に見せ、全部で86回提示しました。さて、結果はどうなったでしょうか?

皆さんご察しのとおり、25回接した写真、その写真に写っている人に対して、多くの人が好意を寄せ、親近感が湧いたと回答しました。

この結果から、冒頭で私が上司に言われたとおり、何度も何度も会うことによって、その距離を縮められるということは事実ですし、効果があるということが分かるかと思います。

そしてもう1つの実験です。先ほどの実験は、写真、そして人を使った実験なので、元々好き嫌いが発生しやすいものでした。そこで今度は、人ではなく物で実験をしました。

非中国語圏の人々に対して、漢字を1回しか見せないAグループと、5回見せるBグループを使って、どちらが漢字に対して好意を寄せるか、というのをヒアリングする実験です。

ポイントは、漢字を見せる時間なのですが、1、000分の5秒以下という、非常に短い時間しか見せませんでした。この1、000分の5秒以下というのは、その漢字に対して難しい漢字だなとか、かっこいい漢字だなといった認識ができないような、非常に短い時間です。

そして、漢字以外にも別のシンボルも織り交ぜながら見せていったのですが、結果はどうなったかというと、先ほどの人の顔の実験と同じように、やはり何度も、つまり5回漢字を見たグループの方が、漢字に対して興味や関心が高かったという結果でした。

この実験結果から、何度も会うということに加えて、その会ったことが記憶されているかどうかというのは、関係がないということがよく分かります。

それではこれをセールスに応用してみましょう。

アプローチの段階では、お客様の記憶に残るか残らないかは関係なく、どれだけお客様と接触したかというのが重要です。よく名刺に、顔のイラストや写真を載せている方がいらっしゃいますが、これも十分に効果があります。つまり、実物ではなくてイラストだったとしても、何度も何度もお客様の目に触れるということが重要なのです。

そこで、お客様にお会いできなかったとしても、顔のイラストや写真を載せた名刺を、ポストに投函しておいたり、玄関の扉に挟んでおいたりすることで、後日実際にお会いした際には、お客様が親近感を持って接してくださることが期待できます。

お客様と相性が良い、悪いは関係なく、とにかくお客様と何度も接触することが大切です。たとえそれが記憶に残らなくても、お客様との距離を縮めることに効果があります。また、この「単純接触効果」ですが、10回までは効果が確認できています。コロナ禍において、お客様と会う機会がなかなか作れないかもしれません。ですが、リアルで会ったり、またｗｅｂ上で顔を出して会うということは十分効果のあることだということが実証されているので、たとえ苦手なお客様だったとしても、努力して会う機会を作ってみましょう。

9

情報過多な時代に

YouTubeで生命保険は不要と言っている人の意見を信じてしまうお客様に、どう対応したらいいか分かりません

最近は、YouTubeやSNSなどから情報を得ることが多くなりました。特にYouTubeでは、動画で分かりやすく知識を提供している人が多いため、YouTubeから得た情報を正しいと思い込んでしまう人も多くいます。中でも、「保険不要論」を唱えているユーチューバーがたくさんいて、保険のセールスをするうえで、なかなかの障壁となっているのではないでしょうか。そこで今回は、保険不要論を信じてしまっているお客様にどうセールスしていけばいいのか、「生存者バイアス」について解説します。

■生存者バイアス
人というのは、一部の偏った情報を全体の傾向と誤認し、間違った結論を導き出してしまうこと

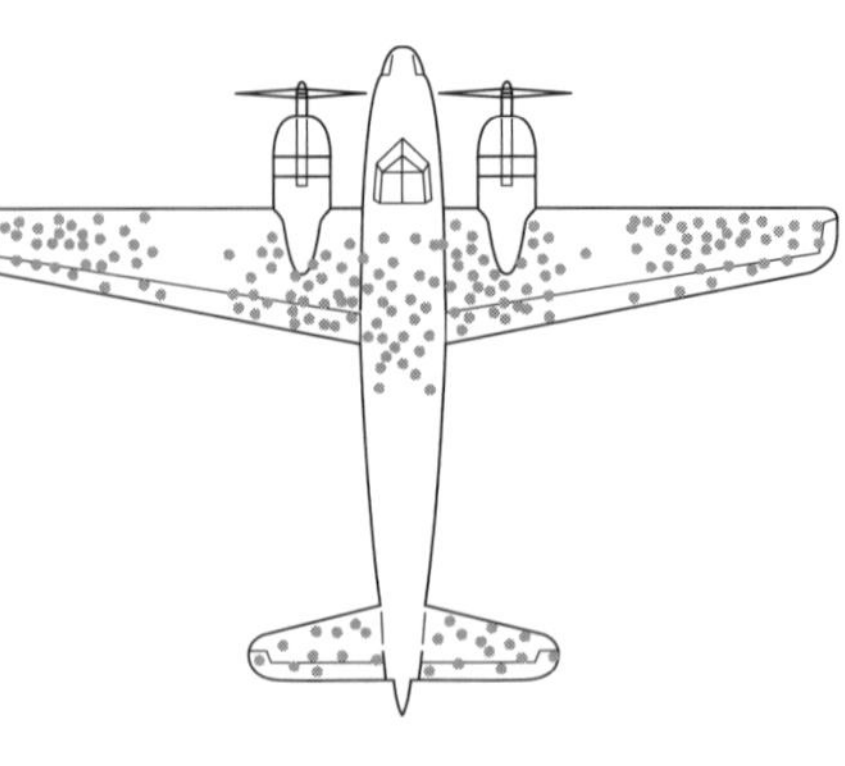

「生存者バイアス」というのは、成功した経験のみを全体の傾向と認識し、その他多くの失敗事例を顧みないことから、間違った結論を導き出してしまうことを言います。

「生存者バイアス」の具体例として有名なのが、こちらの戦闘機の話です。

こちらは、第2次世界大戦中に連合国軍が、戦闘機のどこを補強すれば撃ち落とされにくくなるのかを研究するために、撃たれた箇所を赤い点でマークしたものです。

これを受けて、連合国軍はこの赤い点の部分を補強すれば、撃ち落とされにくくなるだろうと考えました。ところが、ここには大きな間違いがあるということを、数学者エイブラハム・ウォー

ド氏が指摘します。

「この飛行機の赤い点というのは、帰還した飛行機の撃たれた部分、つまりここを撃たれても墜落はしない。本来は、墜落してしまった戦闘機がどこを撃たれたのかを調べなければいけないのではないか」、と言ったのです。要するに、「今ある情報だけでは、どこを補強するべきか分からない」、ということです。

これをセールスに応用してみましょう。

ＹｏｕＴｕｂｅ上で「がん保険は不要」と言っている人、こういった人のＹｏｕＴｕｂｅを見てみると、しっかりとしたデータを基にお話をされていて、理屈もしっかり通っていて、確かにな、と思ってしまいます。しかしこの人は、実際に「がん」にかかったことはあるのでしょうか？　実際に給付金をもらったことはあるのでしょうか？

これに対して、実際にがんにかかって給付金をもらった人というのもＹｏｕＴｕｂｅでその情報を発信されています。こういった人も、私が知っている「がん」にかかって給付金をもらった人も、誰一人として、「がん保険」に入っていて損をした、という人はいないのです。むしろ、「がん保険に加入していて、本当に助かった」と言っています。

保険に加入するということは、「保険料」を負担することです。「保険料」を支払うということは、痛みを伴います。人は痛みを伴うことは避けたいと考えます。それゆえに、痛みを伴うことを避けられる様な意見、この場合は「保険は不要」という意見を聞くと、そちらに流れてしまいがちです。

生命保険をセールスするうえで、私たちはどうしても「保険は必要です」という立場に立ってしまいがちです。しかし、「生命保険は何が何でも必要なんです！」と強く押さなくても、お客様に判断を委ねればいいのです。お客様に判断を委ねるためには、公正な情報提供を心がけることが大切です。

お客様がＹｏｕＴｕｂｅで「保険は不要だと言っていた」とおっしゃるのであれば、保険に加入していて助かった、という方の話をご紹介してみましょう。

両方の意見を聞いて、それでもなお「保険は不要」とおっしゃるのであれば、そのお客様にとって、保険は本当に不要なのだと思います。

お客様にはそれぞれ価値観があります。生命保険が必要だと思う人も、不要だと思う人もいらっしゃいます。**不要だと思う人に出会ったら、なぜ不要だと思うのかをヒアリングしてみましょう。**ヒアリングの結果「生存者バイアス」がかかっているな、と判断したら、もう一方の具体例も伝えてみましょう。

最終的な判断は、お客様がするものです。公正な判断ができるよう、公正な情報提供を行うのがセールスの役割です。

10 心にフックをかける

アプローチの段階で、お客様がこちらに興味を示してくれません

今回は「お客様の興味を惹く」方法についてです。アプローチの段階は、初めてお客様とお会いする場面で、お客様もセールス側も緊張しています。さらにお客様は、どんな商品を提案されるのだろう?と警戒もしています。

そんな状況の中でも、アプローチの段階でお客様の興味を惹くことができなければ、次の段階に進むことはできません。初めて会ったこの瞬間に、その後の運命がかかっているのです。

しかし、お客様とまだ信頼関係が築けていないこの段階では、お客様は何に興味があるのかが分かりません。

闇雲に世間話を続けても、

客（心の声）「この人、いったい何しに来たんだろう？」

と思われてしまい、セールスに対する不信感が募ってしまいます。

では、初めて会ったお客様に対して、どんな話をすればこちらの話に興味を持ってもらえるのでしょうか？　それには、「フック」を掛けます。興味を持ってもらえる内容で「フック」を掛けることができれば、お客様は興味を持ってセールスの話を聞いてくれます。

そんなの分かってる。「フック」の掛け方が分からないんだ、という方が多いと思います。そこで「隙間理論」というのを活用します。

■隙間理論
1994年　カーネギーメロン大学の行動経済学者ジョージ・ローウェンスタイン氏が提唱
知識と知識の間に隙間があると、その隙間を埋めたくなるという理論

「隙間理論」というのは、1994年にカーネギーメロン大学の行動経済学者であるジョージ・

ローウェンスタイン氏が提唱した理論で、「人は自分の知識に隙間を感じた時に好奇心を感じる」というものです。

テレビでクイズ番組を見ていると、答えはＣＭの後で！となって、答えが知りたいがために、興味のないＣＭをそのまま見続けてしまうこと、ありませんか？

映画を見始めたら、あんまり面白くないなぁ、と感じているのに結末が気になって、そのまま最後まで見続けてしまうこと、ありませんか？

これが「隙間理論」です。

知識の「隙間」というのは、苦痛を生みます。興味が無いＣＭや、面白くない映画をそのまま見続けるという行為は、見続ける苦痛よりも、答えや結末が分からないという苦痛の方が、はるかに大きいが故の行動です。

それではこれをセールスに応用してみましょう。

初めてお客様にお会いした段階では、お客様からいろいろとお話いただけることは少ないでしょう。そこでまずは「ラ・ポール」を築きます。

そして少し距離が近づいた段階で、世の中の多くの人が興味のありそうな話をします。

例えば定年間近のお客様の場合

① お客様の状況をヒアリングする

客 もうすぐ60歳で定年なんだよね。

セ そうなんですか⁉ 最近そのままお仕事を続けられると仰る方が多いのですが、お客様も引き続きお仕事をされるのですか？

客 そうなんだよ。そのまま嘱託社員として働こうと思っているんだ。

この様な会話ができたら、ここからお客様の興味のありそうな話題で話を広げていきます。

② 興味のある話題を広げる

セ 人生100年時代と言われていますものね。何歳ぐらいまで働かれるご予定ですか？

客 とりあえず年金が受け取れる65歳ぐらいまでは働こうかと思ってるよ。

「年金」というキーワードが出てきたら、すかさずお金に関する話題に移行していきます。

③ お金に関するテーマを引き出す

セ　そうなんですか。最近は働けるまで働いて年金の受取りを遅くされる方もいらっしゃるのですが、お客様は年金を65歳から受け取ろうと決めていらっしゃるのですか？

客　確か今年から年金は75歳まで繰り下げられるんだよね？

こういった話題になると、お客様もメディア等で仕入れた自分の知っている知識をお話しし出します。そこで、その話題を深掘りしていきます。

④ お客様の話に理解を示しつつ……

セ　おっしゃるとおりです。よくご存じですね。75歳まで繰り下げてから年金を受け取ると、なんと84%も多くもらえるんですよ。

客　年金をもらう年齢を遅くすれば遅くするほど、年金額って増えるんだよね？

そしてここで「フック」を掛けます。

⑤ 知識の隙間を突く

セ でも、年金を繰下げしない方がいいケースがあるのはご存じですか？

客 そうなの？　それはどういうケース？

これが「フック」です。

ここまでお客様が知っていることについて、セールスと話をしてきました。そこで、突然知らない知識を提示されると、ここに知識の「隙間」が生まれます。

うまくフックが掛けられたら、

セ 「よろしければ、詳しくご説明しましょうか？」

と、お客様の興味を惹いていきます。

生命保険のセールスにおいては、「介護」や「年金」、「医療」、「相続」といった話をしていかなくてはいけません。そこで例えば、お客様との会話の中で、「介護」というキーワードを引き出すことができたら、

セ 「2024年から介護保険制度の内容が変わるのは、ご存じですか？」

「年金」というキーワードを引き出すことができたら、

セ「ねんきん定期便って、50歳未満と50歳以上で書かれている内容が違うのをご存じですか？」

「医療」というキーワードを引き出すことができたら、

セ「高額療養費制度って、収入が多い人ほど負担も大きい制度なのをご存じですか？」

「相続」というキーワードを引き出すことができたら、

セ「相続登記が義務化されるってご存じですか？」

こういった話題を提供して、お客様が「何それ？知らないよ」という場面を作っていきます。

ただ、そんなキャッチーな話題をお客様とするには、セールス側にも相当の知識がないとできません。新聞を読んだり、テレビのニュースを見たり、ネットニュースを見続けて、ひたすら知識を増やしていく、それはもちろん大切です。

しかし、時間に限りはありますし、ずっと仕事のことを考えているのも疲れてしまいますよね。

では、多くのお客様が知りたい「隙間」、欠けている話題というのはどうやって調べたらいいのでしょうか。

それを調べる方法として「Ｇｏｏｇｌｅトレンド」というものがあります。「Ｇｏｏｇｌｅトレンド」とインターネットで検索すると、無料で使用できます。

例えば「年金」と調べてみると、関連キーワードとして、「年金　手帳　廃止」「国民　いつからもらえる」「年金　繰上げ　受給」等が表示されます。これは、世間一般の多くの方が疑問に思っていることです。

こういったキーワードを確認できたら、年金手帳の廃止について調べておいたり、繰上げ受給について調べておくことで、お客様から「年金」というキーワードが出てきた際に、お客様の「隙間」を突くことができる様になります。ずっとニュースにかじりついておかなくても、便利なツールがあるわけですね。


アプローチの段階でお客様の興味を少しでも惹くことができれば、セールスの次の段階に進むことができます。そのためには**お客様の「知識の隙間」に「フック」を掛けること**が大切です。フックを掛けられるかどうかは、お客様が知らないことを指摘できるかどうかにかかっています。

お客様にお会いする前に、世間一般の人が疑問に思っている事等を調べて、お客様の興味に「フック」をかける準備をしておきましょう。

ニーズ確認

11 恋愛にも使える？

お客様から、自分にまた会いたいと思ってもらえないんです

生命保険は、お客様に1回お会いしただけでは販売することができません。

2回、3回とお会いして、しっかりとお客様のニーズを確認し、そのニーズに合った提案をすることで、お客様から信頼を得ることができ、販売につながります。

そこで、アポイントを、2回、3回と取っていかなくてはいけないわけですが、アポイントが取れたとしても、アポイントの直前でお客様の気が変わって、キャンセルされてしまうことはありませんか？

では、アポイントをキャンセルされにくくするには、どうしたらいいのでしょうか。

そこで今回は、モヤモヤ感を使って、次のアポイントまでお客様の心をつなぎとめておく方法、

「ツァイガルニク効果」についてです。

■ツァイガルニク効果
心理学者ブルーマ・ツァイガルニク氏が提唱
人は達成できなかった事柄や、中断している事柄の方を、達成できた事柄よりもよく覚えているという現象のこと

突然ですが、アラビアンナイトの物語、小さい頃に一度は目にしたことがあるのではないでしょうか。

そのアラビアンナイトに「千夜一夜物語」という物語があります。

「千夜一夜物語」では、こんな物語が展開されています。

妻に浮気をされて女性不信になったアラビアの王が、毎晩街の娘を宮殿に呼んで、一夜を過ごしては首をはねるようになります。

そんな中、その状況を好ましくないと思った大臣の娘が、この王に嫁ぐ事を名乗りでます。大臣の娘は毎夜毎夜、王に興味深い物語を語ります。しかし、話が佳境に入ったところで、「続きはま

た明日」「明日はもっと面白いですよ」と、話を打ち切ります。王は、話の続きが聞きたくて、その大臣の娘を生かし続けます。そしてついにその大臣の娘は、王の悪習を止めさせました。

さて、人というのはモヤモヤ感や、不完全なものがあると、「これを完全なものにしたい！」という思いが働きます。これを提唱したのが、ブルーマ・ツァイガルニクという心理学者です。

皆さんも、日常生活でこの「ツァイガルニク効果」をよく体感しています。

例えば、テレビのクイズ番組で「答えはＣＭの後で」となったり、ドラマでは、いいところでＣＭに切り替わったり、ネットのニュースでは見出しに「あのアイドルが熱愛？　意外なお相手とは……」と書かれていたりすると、ついつい続きが気になって、興味のないＣＭを見たり、ネットニュースをクリックしてしまったりしますよね。これは、モヤモヤ感を完全なものにしたい！という人間の心理をうまく使っているのです。

それではこれを、セールスに応用してみましょう。

例えば、アポイントを取得する場面で使ってみると、この様になります。

セ　どうしても伝えたかったことがあるので…次回お話します。

客　何かしら？　気になるわ。

セ　個人的にお話したかったことがあるので…次回お話します。

客　個人的に相談したい事？　聞いてあげなくちゃ。

モヤモヤ感を残して商談を終えることで、このモヤモヤ感がお客様の心の中に残ります。そうすることで、この人の話の続きを聞きたい！となり、次のアポイントをキャンセルされづらくなります。

他にも、商品説明をした際には、商品の内容でお客様の気持ちを十分に惹きつけておき、「このプランに月々の保険料いくらでお入りいただけるかというと、それは次回設計書をお持ちします」などというのも効果的です。

アポイントをキャンセルされなくするためにやることは、次回のアポイントに向けて、モヤモヤ感を残す、たったこれだけです。簡単にできる効果なので、是非使ってみてください。

12 ジェスチャーの力

重要な話をしているのに、お客様に重要さがちゃんと伝わらないのです

「見た目」というのがどれぐらいセールスに影響するのか、という点について考えていきたいと思います。もちろん「見た目」と言うのは、服装にしても、顔にしても清潔感があって、お客様から見て受け入れやすい方がいいことに間違いはありませんし、それはセールスにおいて重要な要素です。

そこで今回は皆さんよくご存じの「メラビアンの法則」についてです。

■メラビアンの法則
1971年　カリフォルニア大学の心理学者アルバート・メラビアン氏が提唱

著書「Silent messages」の中で、人と人とが直接顔を合わせるコミュニケーションにおいて、言語と非言語の内容が異なる場合、「どんな情報に基づいて印象が決定されるのか」を検証した

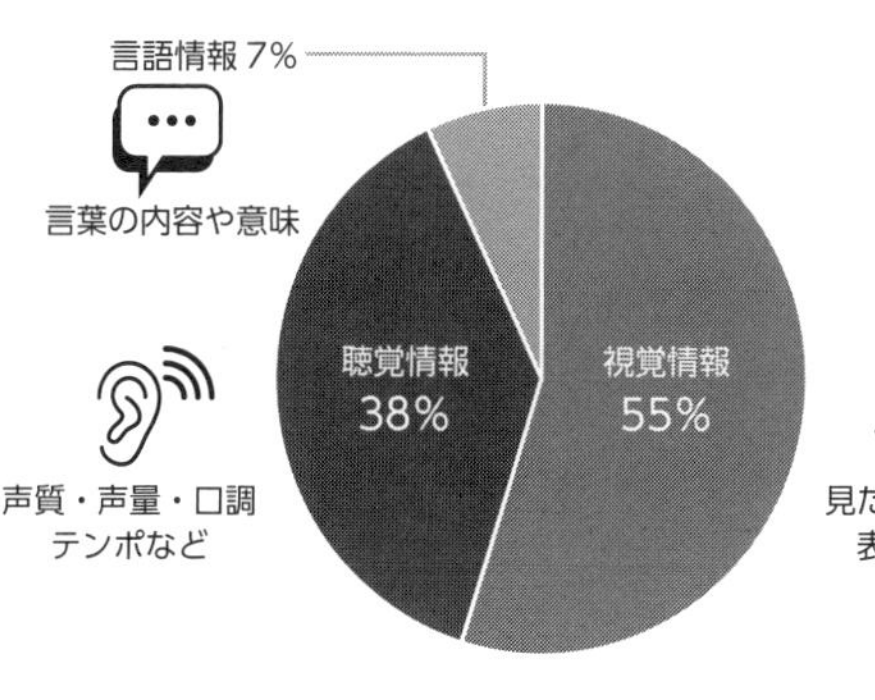

「メラビアンの法則」は、人と人とがコミュニケーションを図る際に、服装や表情などの「視覚情報」が最も印象に残るのか、声のトーンや話すスピードの「聴覚情報」が最も記憶に残るのか、それとも話している内容の「言語情報」が最も記憶に残るのかというのを検証した結果です。検証結果によると、次の順番で記憶に残ると言われています。

この円グラフに出ているように、55％はまず「見た目」、そして38％は「声のトーン」、そして最後の7％だけが「話の内容」ということで、93％が「視覚・聴覚」のノンバーバルの部分で占められているということです。

こういったところを踏まえて、『人は見た目が9割』という

[*1]本が出版されるほど、コミュニケーションにおいて9割は「見た目」が大切だと言われています。

この様に、「見た目が9割」というのが独り歩きした結果、「見た目」が全てだから話す内容は二の次でいい、などと思っている方もいるわけですが、実際の「メラビアンの法則」が意図していることは少し異なります。

実際はどんな実験だったかというと、人と人とのコミュニケーションにおいて、言語・聴覚・視覚から受け取る情報がそれぞれ異なった際、言語・聴覚・視覚のどれに引きずられるか、という実験でした。

例えば、この様な感じです。

怖い顔をしながら「遊園地はとても楽しいね」と言った際、人はどういう情報を受取るか、ということです。皆さんが想像されるとおり、表情で伝わる部分の方が大きいので、実は楽しくなかったのではないか、というのが相手に伝わってしまいます。

そこでこの「メラビアンの法則」をセールスに応用してみましょう。

例えば、「資産を増やす」という話をお客様にする際、その増やしたお金を使ってどう楽しむかという話をすることが大切ですが、それを淡々と語ってもお客様には響きません。楽しい表情で、楽しく話さなくては、お客様に「資産を増やす」メリットが伝わらないのです。

一方で、「万一の保障」の話をする際に、ニヤけていたり、恥ずかしくて半笑いになっていたりしては、これもお客様に伝わりません。「万一の保障」の話は、神妙な顔をして話さなくてはお客様の心に響かないのです。

ですので、話をしている内容を本当にお客様に伝えたければ、**その話の内容にマッチした表情をしたり、姿勢をとったりする**ということが、とても大切です。

「メラビアンの法則」が意図しているのは、「見た目が9割」だから話す内容は二の次でいい、ということではなく、「話す内容」と「表情や姿勢、声色」をマッチさせることが大切ということです。

「お客様に本当に伝えたい感情を、感情に合った表情や声色で伝えられているか？」ここが一番大切です。

＊1：『人は見た目が9割』竹内一郎（新潮新書）2005年

自分の話している姿は、自分ではなかなか分かりません。神妙な顔で話しているつもりでも、もしかしたら半笑いになってしまっているかもしれません。一度、ロープレの様子などをビデオに撮ってみて、客観的な目線で確認してみることをお勧めします。

13 潜在ニーズの測り方

お客様の潜在ニーズの測り方が分かりません

ニーズには、「顕在ニーズ」と「潜在ニーズ」の2種類があります。「顕在ニーズ」は、お客様自身が既に気が付いているニーズなので簡単に知ることができますが、「潜在ニーズ」はお客様自身もまだ気が付いていないため、なかなか知ることができません。しかし、生命保険をご提案するに当たっては「潜在ニーズ」の把握が欠かせないのです。そこで今回は、「マズローの5段階欲求」についてです。

■マズローの5段階欲求

アメリカの心理学者アブラハム・マズロー氏が考案

人間の欲求は5段階のピラミッドのように構成されているという説

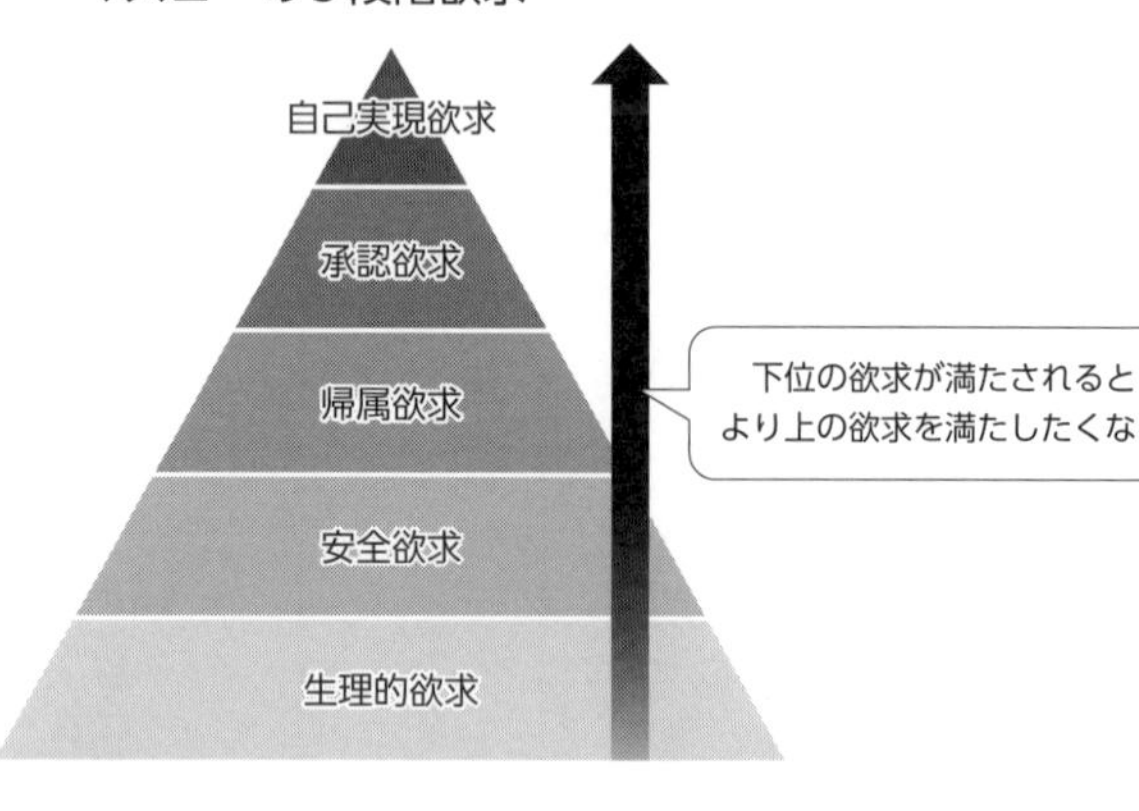

「マズローの5段階欲求」とは、耳にされたことがあるという人も多いのではないでしょうか。人間の欲求は「生理的欲求」「安全欲求」「帰属欲求」「承認欲求」「自己実現欲求」の5段階に分かれていて、下位の欲求が満たされると、次の欲求を持つようになる、という理論です。

5段階は上のイラストの様にピラミッド構造になっています。

一番下が「生理的欲求」となり、生命活動を維持するために不可欠な最低限の欲求です。例えば「食べたい」「眠りたい」といった欲求がこれに当たります。

次に「安全欲求」、これは身体的・経済的に安定した環境で暮らしたいという欲求です。命の危機がある場所から逃れたいとか、経済的に困窮している状況から逃れたいという欲求がこれに当たります。

そして次に「帰属欲求」、これは家族や会社など、何らかのグループに所属して安心感を得たいという欲求です。自分を受け入れてくれる人がいるグループに属して安心感を得たいといった欲求がこれに当たります。

４つ目が「承認欲求」、これは所属する集団の中で高く評価されたい、自分を認めて欲しいという欲求です。仕事での実績を評価されたいと思ったり、ＳＮＳで自分の投稿に「いいね！」が欲しいと思ったりする欲求がこれに当たります。

そして最後に「自己実現欲求」です。これまでの４つの欲求が満たされた後の最後の欲求です。これは、自分にしかできない事を成し遂げたい、少しでも自分の理想に近づきたいという欲求です。

この様に、１つ目の欲求が達成されると２つ目の欲求、２つ目の欲求が達成されると３つ目の欲求という具合に、欲求は段階を踏んでいくというのが「マズローの５段階欲求」です。

しかし、この「マズローの５段階欲求」というのは、部分的には異論も唱えられています。下位の欲求が満たされなくても、上位の欲求を求める人がいるのです。

例えば、自分の生活が困窮していて「安全欲求」が満たされていないにもかかわらず、ボランティアをする人、すなわち「自己実現欲求」を満たそうとする人がいます。このことから、「マズローの5段階欲求」は下位の欲求から上位の欲求に進んでいくと考えるよりも、お客様はどの欲求を重視しているのか、という一つの尺度として活用してみてはいかがでしょうか。

これをセールスへ応用してみます。

ニーズ確認の段階で、お客様のニーズを確認するには、お客様に直接的な質問をすることが一番手っ取り早い方法です。しかし生命保険のセールスにおいて、確認したいのは既に分かっている「顕在ニーズ」ではなく、お客様も気が付いていない「潜在ニーズ」です。ということは、お客様に直接質問してもお客様自身が気が付いていないので答えを得ることができません。

そこでお客様と何気ない会話をしながら、この「マズローの5段階欲求」を活用して、どの様な考えを持った人なのかを探っていきます。

例えば、お客様が腕時計をされていたとします。その腕時計が目に入った時に、「素敵な腕時計ですね。どうしてそちらのブランドをご購入されたのですか?」といった質問をしてみましょう。すると、様々な答えが返ってくると思います。

例えば、「この腕時計、頑丈な時計なんだよ。地震があったとしても、この時計があればどんなときも壊れなくて活躍してくれると思うんだよね。」という答えが返ってきたとしたら、そのお客様は「安全欲求」が強いということが分かります。

一方で、「この時計はね、ボランティアをした時にもらった記念品なんだよ。これを見ると、ボランティアをしたことが思い出されるんだ。」といった答えがあるかもしれません。その場合、このお客様は「自己実現欲求」や「承認欲求」のところに尺度があるのかもしれません。

また、ちょっとあり得ないことですが、「この腕時計、実は食べられるんだよ。被災しておなかが空いた時なんかに、ペロリとね、いつでも食べられるようにしてるんだ」なんていう答えであれば、このお客様は「生存欲求」の高い方と言えます。

最後の例は現実的ではないにしても、このように、**何気ない雑談から質問した時の返答で、このお客様が重視している価値観、また、欲求といったものを測る**ことができます。そしてそこからお客様自身も気が付いていない「潜在ニーズ」を導き出していけます。

お客様と「雑談」をする中で様々な質問をしていき、その返ってきた答えによって、このお客様はどの欲求が強いのか、というのを確認しましょう。「欲求」を確認することで、お客様の「潜在ニーズ」を導き出すことができ、その後のセールスにつなげられます。「雑談」というのはその場の雰囲気を和ませる方法として最適ですが、その「雑談」をただの「雑談」で終わらせないためにも、お客様のニーズを探る雑談をしてみてください。

14 悟らせない

私の質問に、お客様がちゃんと答えてくれません

お客様と関係性が構築できていない段階では、お客様のことを知るためにいろいろと質問を投げかけると思います。しかしそんな時、答えをはぐらかされてしまったり、答えてもらえなかったりした経験はありませんか？　それは、質問の仕方が直接的すぎるのかもしれません。

例えばこの様な感じです。

セ　○○様は、お子様は何人いらっしゃるのですか？
客　うちは2人だよ。
セ　お子様同士の仲は良いのですか？
客　仲が良いというほどではないけど、悪くはないかな。

セ　仲のよいご兄弟でも相続となると状況が一変すると言われます。争族の心配はありませんか？

客　まぁそうなんだけどさ……

この様な流れというのは、明らかに相続時に子ども達が揉めるということを示唆する、導くような問いかけになっています。ですのでお客様は、この質問に答えていくと相続提案をされるなと思って、答えをためらうようになっていきます。

お客様に質問をして、それに答えてもらうことによって、お客様のニーズがどこにあるのかを確認する、これがセールスの仕事なのですが、お客様はこちらが質問したことに対して、この質問に答えていくと私はどうなるんだろうと、考えながら答えます。ですから、このまま質問に答えていったら、きっと何かセールスされるに違いないと推測できるような、あまりに直接的な質問というのは、お客様は答えるのをためらってしまうのです。すなわち、「その質問の仕方は悟られていますよ」ということです。

そこで今回は悟られない質問の仕方「サトルクエスチョン」についてです。

■サトルクエスチョン
質問していることを相手に悟られずに質問するテクニック
本音を聞き出しやすくなる

「サトルクエスチョン」とは、お客様に会話のゴールを悟られないようにする質問の仕方のことです。先ほどの質問の例の様な直接的な質問ではなく、お客様に悟られないように、日常会話や雑談の中から答えをもらい、そしてゴール（聞きたい事）へ導いていきます。

難しいように感じるかもしれませんが、勝手に仮説を立てて、お客様に「どうですか？」と投げかける、これだけです。

それではこの「サトルクエスチョン」をセールスに応用してみましょう。

先ほどの相続の質問の例をこのサトルクエスチョンに置き換えて質問してみます。

セ　お正月はご夫婦で過ごされるのですか？　←サトルクエスチョン（「ご夫婦で過ごされる」という仮説）

客　いや、子どもたちが帰省してくるんだよ。

セ　それはいいですね！　娘さんがお2人帰省されるんですか？　←サトルクエスチョン（お子様は「娘さんがお2人」という仮説）

客　いや、息子2人が帰省するんだよ。

セ　一緒に帰省されるなんて仲がいいですね。他の方が気にされている相続も心配なくていいですね。←サトルクエスチョン（「仲がいい」という仮説）

客　うん、まぁ、そうかもねぇ。他の心配はあるけど。

セ　他の心配というとどんな心配ですか？

この例では、3度「サトルクエスチョン」を活用しています。「サトルクエスチョン」では、直接的な質問をするのではなく、お客様に仮説を投げかけます。仮説を投げかけることで、お客様はYESかNOで回答をしてくれます。さらに、NOの場合は「そうじゃなくて〜なんだよ」と訂正もしてもらえます。この、「訂正をしてもらう」というのが「サトルクエスチョン」のポイントです。そして、訂正された内容がセールスの聞きたい内容になっていれば、その先の提案がスムーズに進んでいきます。

普段の雑談の中で、**仮説を立ててそれをお客様に投げかける**、とても簡単ですよね。

お客様に直接的な質問を投げかけてYESですか？　NOですか？　と聞いてしまうと、答えをはぐらかされてしまいますし、そういった質問をずっと続けているとお客様は尋問を受けている様に感じてしまいます。そこで、こちらが勝手に仮説を立ててそれをお客様に投げかければ、自然と知りたい答えをお客様が答えてくださいます。そうすることで、こちらの意図を悟られずにお客様のニーズを掴むことができる様になります。お客様に対して勝手に「仮説を立てる」だけです。その「仮説」は合っていても間違っていても問題ありません。実践してみてください。

15 気付きを与える

お客様に『潜在ニーズ』を気付いていただくことができません

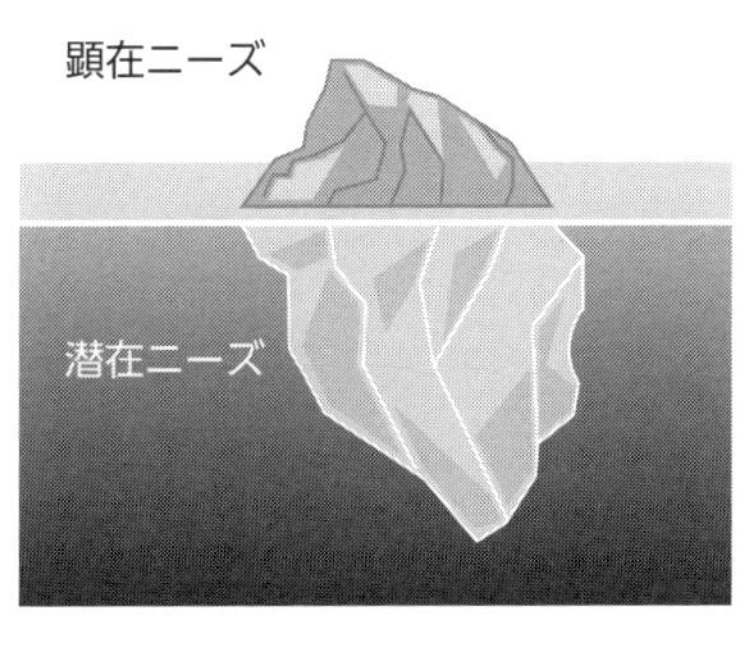

「潜在ニーズ」とは、お客様自身がまだ気付いていないニーズだとお伝えしました。この「潜在ニーズは」お客様が気付いていないだけで、実は心の奥底には必ずあるニーズです。存在しないものを、あたかもあるように勘違いさせることではないのです。

もし、お客様の心の中に「欲しいものリスト」があるとするならば、その上位に生命保険が来ることはまずありません。上位に来るのは「おいしいものが食べたい」「新しいビジネスを始めたい」といった、普段から考えることができるニーズです。しかし、よく見るとリストの下の方に小さい文字で「万一のときに家族を守りたい」というニーズは書かれているはずです。これが下にあるままだと人は購入しません。もっと先にお金を支払って購入したいものがあるからです。

セールスは生命保険を「欲しいものリスト」の下の方から上に上げていきます。どうやって優先順位を上げていくのでしょうか？　その方法が、「お客様に気付きを与えて課題に直面させる」ということ、そして、その「解決策として生命保険が最適だ」と理解してもらうことです。

例えば、もし自分が病気になったら、家族が自分の代わりに働きに出なくてはいけなくなるのではないかとか、子どもが大学を辞めなくてはいけなくなるのではないかとか、抱えている住宅ローンは誰が支払っていくのだろうかとか、こんなことを毎日心配している人はいません。しかし、心の奥底にはこの様な心配事があるわけです。

こういった、普段考えたくない事を想像してもらい、自分事として考えてもらう、それが保険のセールスの仕事であり、また、最も難しいところです。

そこで、この「潜在ニーズ」を喚起するには、どうしたらいいのでしょうか。ニーズ喚起とは、お客様に想像を働かせていただくことです。ここにはテクニックがあります。それが「赤いマント効果」と「シロクマ効果」です。

まずは「赤いマント効果」についてです。

「赤いマント効果」、聞いたことがあるという人、いらっしゃいますか？「聞いたことがある！」という人、あなたは嘘つきです。「赤いマント効果」は私が名付けました。しかし、「赤いマント」の話は聞いたことがある人が多いのではないでしょうか。次のようなお話です。


40年前に起こった事件です。

夜、暗い道を1人で歩いていると、後ろから音が聞こえます。「コツコツ」

自分の歩に合わせて、「コツコツ」と聞こえます。

歩を止めると、その音も止まります。

歩を速めるとその音も早まります。「コツコツ、コツコツ、コツコツ」

その音がだんだん大きくなっていきます。

そして、かすかな声がハッキリと聞こえるようになります。

「赤いマントはいらんかね？　赤いマントはいらんかね？」

そして暗がりの中振り向いたところ、「グサッ」とナイフで刺されて、マントの様に背中から赤い血を流して倒れてしまった。

というお話です。

最後の「グサッ」というところは、話をしていた友達が私の背中に手をドンッと突き刺します。私はその時、もう心臓が止まるかと思いました。

こういった話というのは、夜、暗い時間には外に出ちゃダメだよ、という、お父さんやお母さんが作り出し、そして広く伝わることによって、多くの人に浸透していったものではないでしょうか。

確かにこの話を聞いて、その後、人に伝えていくことで、夜遅くに外を出歩いてはダメだよということではなく、出歩きたくない、という気持ちになったのを覚えています。

さて、この「赤いマント効果」ですが、この赤いマントの話がなぜ素晴らしく、短時間で相手を突き動かす話になっているかというと、話の構造がしっかりとしているからだということが分かります。

まずは40年前のどこかよく分からないところであった話ということで、もしこれが今日の夜、暗がりであなたに起こる話だけど、と言われると、「そんなことある訳ない」と、聞く耳を持たなくなってしまいますよね。まず大切なことは、**「一般論から入る」**ということです。

次に、「コツコツ、コツコツ」といった擬音によって、人はリアルに想像します。そして音が実際に大きくなってくることによって、近づいてくるという想像を働かせます。擬音でしっかりと想像してもらえば、頭の中で「ほわんほわんほわん」とその状況を思い浮かべていただくことが容易なわけです。

そして最後に、ナイフで「グサッ」とリアルに、その場に話を持ってくる、これが自分事化です。こうすることによって、自分の身に起こるかもしれない恐怖として、人の心の中、頭の中に植え付けられていきます。

次に「シロクマ効果」です。

■シロクマ効果
1987年ハーバード大学のダニエル・ウェグナー氏が提唱
考えないでおこうという意識が、逆にそのことを考えさせてしまうという効果

「シロクマ効果」とは、実際にある効果で、心理学の中で「カリギュラ効果」とも呼ばれているものです。

ハーバード大学のダニエル・ウェグナー氏がこんな実験を行いました。

34名の被験者を、Aグループ・Bグループに分けます。

Aのグループには「シロクマのことを一生懸命考えてください」とお願いします。

Bのグループには「絶対にシロクマのことを考えないでください」とお願いします。

そしてBのグループには、もしシロクマのことを考えてしまったら、このボタンを押してください。このボタンを押すと赤いランプが光ります、と伝えます。さて、どうなったでしょうか。

Aのグループは、言われたとおりしっかりとシロクマのことを考えました。一方でBのグループ、シロクマのことは考えたくないな、と思うのですが、逆に考えてしまいます。その結果、赤いランプが光りっ放しだったそうです。


この実験には顛末があります。その後、Aのグループ、Bのグループそれぞれに、「シロクマについて考えてください、そしてシロクマの特徴を挙げられるだけ挙げてください」とお願いしたところ、Bのグループの方がよりシロクマの特徴を挙げることができました。

「シロクマ効果」というのは、**人は考えるなと言われると、逆についつい考えてしまう**という効果のことを言います。


それではこの2つの効果をセールスに応用してみましょう。

まずは「赤いマント効果」です。「お客様に起こるかもしれない、お亡くなりになる話なのですが」と神妙な顔をしてお話をしたとしても、お客様の心を動かすことはできません。先ほどの「赤いマント」の話の様に、「一般的に人が亡くなると」ということをお話し、しっかりと「擬音」を使って想像を働かせていただくことが大切です。ある日突然「バタッ」と倒れてしまいます、という感じです。そして、「そんなことがお客様に起こったらどうしますか？」と自分事化して想像をさらに深めていただく必要があります。これがこのニーズ喚起の大きな大きなポイントになります。

そして「シロクマ効果」です。

お客様とお会いした最後に、こうお伝えしてみてください。「来週私とお会いするまで、自分が亡くなったとか、自分が病気になったら家族はどうなるんだろうか、そういったことは絶対に考えないでください。そういったお話は、私と会ってる時だけにしましょう」

そうお伝えすることで、帰る時に歩いていて、車が真横をビューっと通り過ぎたら、「ああ、時間がずれていたらぶつかっていたかもしれない」「僕が仕事をできなくなったら、家族はどうやって生活をするんだろう」等、考えるなと言われれば言われるほど、お客様は考えてしまいます。

こういった効果をうまく活用して、「潜在ニーズ」を喚起してみてください。

「潜在ニーズ」を喚起するためには、お客様に「想像」を働かせていただくことが重要です。そのためには、まずは「赤いマント効果」を活用して、遠い話として想像してもらってから、自分事にしてもらい、次に「シロクマ効果」を活用して考えることを禁止することで、逆に考えてもらう。この2つをうまく活用することで、お客様にしっかりと「潜在ニーズ」を感じていただくことができます。

こういったテクニックを使うのは、ちょっとずるいのではないかと思う人もいると思います。しかし、生命保険というのはそれだけ難しい商品です。また、生命保険は加入していただくことで、お客様のリスクマネジメントができるものでもあります。こういったテクニックを使ってでも、「潜在ニーズ」を喚起し、お客様に、まだ気が付いていない「リスク」について考えてもらいましょう。

16 リスクを直視させる

お客様に、保険で回避すべきリスクをうまく理解していただけません

生命保険のセールスにおいて、一番大切なことは「お客様にリスクマネジメントの本質をどうやって理解していただくか」です。そしてこれが一番難しいことでもあります。お客様が感じているリスクと、私たちセールスが重要だと思っているリスク、すなわち本来回避すべきリスクが異なることが多々あります。

「保険で回避すべきリスクって何?」という問いに対して、私たちはどうお答えしていくのか、そしてそれをお客様にどうお伝えしていくのか、「アベイラビリティバイアス」というものを考えてみます。

■アベイラビリティバイアス

1970年　エイモス・トベルスキー氏とダニエル・カーネマン氏が提唱

状況や判断を評価する時、人は脳内にある最も入手しやすい情報を利用するという考えのこと

「アベイラビリティバイアス」とは、人は新しい情報や、感情への衝撃が大きい情報を重要視する、という理論です。

例えば、飛行機での移動と車での移動、どちらが危険だと思いますか?「飛行機は怖くて乗れないから、車で行くことにする」という人はいても、「車は怖くて乗れないから、飛行機で行くことにする」という人にはあまり出会いません。多くの人は、「飛行機=危険」と思っていますが、「車=危険」とは思っていないのです。

それでは実際は、どちらが危険な乗り物なのでしょうか? 飛行機と車の事故で亡くなる人数というのを調べてみました。すると、飛行機事故で亡くなった人は556人[*1]。これに対して、自動車事故で亡くなった人は3、532人[*2]でした。

自動車事故の方が飛行機事故よりも約7倍も多い!と思われたあなた、それは間違いです。母数

が違います。飛行機事故の556人というのは全世界においてですが、自動車事故の3，532人というのは、日本においての数字です。ということは、分母が70億人なのか、1億2，000万人なのか、かなり違っています。さらに確率で考えてみると、相当違うことが分かると思います。

しかし人はなぜか、「飛行機」の方が怖いと感じてしまっているのです。それは恐らく、飛行機事故はめったに起きない事故なので、実際に事故が起こるとメディアで大きく取り上げられたり、テレビ番組のドキュメンタリーになったりするからなのではないでしょうか。そういったことから、脳への衝撃が大きく、「飛行機＝危険」というのが、人の脳に深く刻まれるのです。これを「アベイラビリティバイアス」と言います。

Airplane
Automobile

他の例も見てみましょう。

アメリカのフロリダにあるビーチでは、毎年「サメに襲われる」という事故があるそうです。そんなニュースを見てしまうと、フロリダのビーチは怖いから、行くのをやめようと思う人がたくさ

＊1：ASN（航空安全ネットワーク）によって集計された2018年の全世界のフライトを対象にしたデータ
＊2：警視庁「令和元年中の交通事故死者数について（2018年）」

ん出ます。ところが、フロリダの自然史博物館が発表した統計によると、毎年サメに襲われて亡くなる人の数と、道で鹿とぶつかって亡くなる人の数を比べたところ、鹿とぶつかって亡くなる人の数の方がなんと300倍も多いのです。しかし、「鹿とぶつかるのが怖いから、道を歩くのはやめよう」と思う人はいません。

この様な数字をみていくと、私たちが「危険」と感じていることと、実際の「危険」は異なることが分かります。人は、何か情報を脳から取り出す際、衝撃度が強い情報、もしくは最新の情報を最優先に取り出してしまいます。要するに、バイアスがかかってしまっているのです。

それではこれをセールスに応用してみましょう。

若い人の「死因」を考えてみます。例えば35歳～39歳の女性の死因の1位は何だと思いますか？若い人の場合は、「自殺」や「事故」で亡くなる人が多い様に感じていませんか？　しかし実際は、厚生労働省の調査[*3]によると、35歳～39歳の女性の死因の1位は「悪性新生物」＝「がん」なのです。

えっ？　がんって高齢の人がなるケースが多いんじゃないの？と思う人もいると思います。確かに高齢になればなるほど、がん細胞ができやすくなると言われていますが、女性においては、若いうちにがんにかかる方が非常に多いのです。この結果から、若い女性に一番必要な保障は「がん保険」ということが言えます。

お客様の間違ったイメージを払拭し、正しい情報を、正しくお客様にお伝えすることで、本当に必要な保障を理解していただきましょう。そして、それに備えていただく、ニーズ確認の段階ではこれが求められています。

お客様の記憶には、衝撃的な情報、もしくは最新の情報が鮮明に残り、それがあたかも真実だと勘違いしてしまっています。そこでニーズ確認の際には、その**間違った記憶から解放し、正しい情報をお伝えする**ことが大切です。そうすることで、目に見えないリスクを可視化し、保険に加入するべきところは、統計的によく起こる事、そして万一起こってしまった際に、経済的なダメージが大きいところなのだということを認識いただき、ご提案に移すということが大切です。決して、お客様が危険だと思っているものだけがリスクではない、ということを認識いただきましょう。

＊3：厚生労働省「人口動態統計月報年計（概数）の概況（令和3年（2021年））」

17 本心を掴む

お客様とコミュニケーションはうまく取れるのですが、本心を話してもらえていない様な気がします

生命保険を提案する場合、ご家族構成や将来の展望など、事細かにヒアリングし、プロファイリングすることが必要です。最終的にご提案するプランが他の人と同じであっても、その保険がどのような場面で、お客様のどのような役に立つのかをイメージいただかなければ成約には至りません。そのためにも、まずはお客様の「本心」を本音で話していただくことが大切です。では、本音を引き出す方法、「カタルシス効果」をみていきましょう。

■カタルシス効果
マイナスの感情を口に出すことで、苦痛が緩和されて安心感を得られる効果のこと

「カタルシス効果」とは、不安や不満などのネガティブな感情を口に出すと、苦痛が緩和されて安心感を得られる効果のことです。「カタルシス」とはギリシャ語で「浄化」を意味しますが、哲学者のアリストテレスが自著「詩学」において、「心の浄化」との意味で用いたことから、「心の浄化」を現わす様になりました。

「カタルシス効果」は、映画を観て主人公に共感して泣いてしまった時や、誰かに悩みを打ち明けた時などに効果を実感できます。要するに、「心が浄化された」と感じるわけです。悲しい出来事や、不安に思っていることを誰かに話すことで「スッキリした」、こんな経験はないでしょうか。これはなぜかと言うと、人には自分のことを話すことで、脳の快楽レベルが上がっていく習性があるからです。また、脳の快楽レベルが上がることで、話をしている相手に好意を寄せる様にもなります。

それではこれをセールスに応用してみましょう。

お客様と初めてお会いした際は、まだ全く信頼関係ができていないので、まずはラポールを築いて距離を縮めます。そして距離が縮まってきたと感じたら、この「カタルシス効果」を活用します。

お客様の悩みや不安をしっかりと聞くことで、普段抱えているネガティブな感情を口から吐き出してもらいましょう。同意や同調を繰り返すことで、お客様は次第に心を開き、「このセールスなら信頼できる」と思うようになります。

以前、ある女性にご主人の死亡保障のお話をした時、「実は離婚を考えている」とカミングアウトされたことがあります。それまで、ご主人が万一亡くなった際のその後のお客様とお子様の生活費の話をしていたのですが、離婚するかもしれないと伺い、ご主人ではなくお客様に万一があった際の提案に切り替えました。

この様に、お客様から本音を聞き出せなかったら、提案内容がお客様の本来のニーズから外れてしまうのです。

では、お客様と真に打ち解けるには、どうすればいいのでしょうか？　お客様に「今日は本音でお話してください！」と言っても、本音で話してくれることはありません。そこで、お客様の本音を引き出す方法を見ていきましょう。

お客様の表情や行動の、前回との違いに着目する

最初にお客様に対して感じた印象をしっかりと覚えておきましょう。次にお会いした際に、お客様の顔が疲れていたり、何か思い詰めている様な表情をしていたら、その気付きを伝えます。

「あちらから歩かれてくる時に、少し疲れているように見えましたが何かありましたか?」という感じです。杞憂という事もあるかもしれませんが、図星だった場合、お客様が本音をお話してくださるかもしれません。

質問の仕方を変える

質問の仕方を変えてみましょう。お客様と人間関係を構築するためには「ラポールを築く」のところで解説した様に、バックトラッキングを活用して、お客様がお話されたことを繰り返すことが大切です。しかし、ひたすらお客様のいう事を繰り返していても、人間関係は構築できても、本音を聞き出すことはできません。深層心理に切り込む必要があるのです。

例えば、次の様に質問してみてください。

「そのとき、どのようにお感じになったのですか?」

お客様は物事の事実や事象はお話されます。そこでこの様な質問で、その場面で感じたことを聞くことができます。

4 ニーズ確認

「どうしてそのような行動を取られたのですか?」

この質問は、お客様の考えの元となった過去の経験や価値観を伺うことができます。プロジェクトで孤立していると感じているのであれば、過去に孤立した経験があり、同じような兆候を感じているという可能性もあります。この様な質問で、お客様の過去の歴史や出来事を聞くことができます。

否定も肯定もしない

大切なことは、お客様に思いを全部話してもらうことです。お客様のお話に対して、それは間違っていると思うこともあるかもしれません。しかし、あくまでお客様が感じたこととして素直に受け取り、お客様の気持ちに寄り添いましょう。

お客様と人間関係が築けたら、さらに深い関係を築ける様、「カタルシス効果」を意識して、お客様の想いを聞いてみましょう。お客様の「本音」を聞き出せなければ、ズレた提案をしてしまうかもしれません。そしてズレた提案ではクロージングまでいったとしても、最終的に成約には至りません。ニーズ確認はとても大切なプロセスです。「カタルシス効果」、意識してみてください。

5

プレゼンテーション

18 錨を落とす

提示した保険料が、お客様に高いと言われてしまいます

生命保険のご提案において、お客様の様々なニーズを聞いていると、それを解決するためには、数種類の保険を提案したり、様々な特約を付けたりして、保険料が高くなってしまうことがあります。全部のニーズを叶えようとすると、時には保険料が毎月10万円にものぼってしまう、なんてこともあるのではないでしょうか。

保険料に10万円を支払えるお客様であれば、そのまま契約していただくこともできます。しかし、多くの場合、お客様が「毎月支払う保険料」として考える金額というのは、数万円、高くても恐らく3万円前後ではないでしょうか。ここで、お客様の要望と金額のミスマッチが起こります。

ところがこの3万円という金額は、お客様がただ漠然と「保険料は毎月3万円ぐらいが適切」、と考えているだけで、実際は毎月10万円の保険料を支払える場合もあります。

では、この「保険料は毎月3万円ぐらいが適切」という考えを、どうやって変えてもらったらいいのでしょうか。

それは、私たちが提案する生命保険の「価値」を、お客様に納得いただければいいのです。

そのためには、商品説明をする順番、保険料をお伝えする順番をしっかりと考えて伝えることが大切です。

その方法が、「アンカリング効果」です。

■アンカリング効果

先に提示された特徴や、価格情報が強く印象に残り、その後の意思決定や判断に影響を及ぼす効果のこと（アンカーとは「錨（いかり）」を意味し、アンカリングとは、船の錨を下げて船をつなぎとめることを意味します）

人は購入を決定する場面において、最初に価値判断の基準を設定し、その後の判断を無意識に調整しています。

上図をご覧ください。

この様なチラシ、よく目にしますよね。本来8万円で売られているものが、55%オフになり、今なら36、000円で購入できますよ！というチラシです。このチラシを見た時、多くの人は「8万円の価値があるものが、36、000円に値下がりしている。なんてお得なんだろう」と思います。通常価格の「8万円」という金額でアンカー（錨）が落ち、それと値下げ後の価格を比較をすることで、値下げ後の36、000円という金額がとてもお得に感じられるわけです。

しかし実際のところ、この商品に80、000円の価値があるのかどうかは分かりません。でも、こう書いてあるとなぜかお得に感じてしまうのです。

お金には、次の3つの機能[*1]があります。

価値の保存機能

お金の名目価値は変化しません。お金を銀行に預ける、金庫にしまうなどして持ち続けていれば、富を蓄えられます。

交換機能（決済機能）

物々交換の経済では、「魚」を持っている人が「肉」を欲しいと思っても、「肉」を持っている人が「魚」を欲しくなければ、交換は成立しません。しかしお金となら、「魚」「肉」を交換（決済）できます。これにより、「魚と肉を交換してもよい」と、両者の欲求が一致する必要はなくなります。お金は交換の媒介としての機能を持っています。

価値の尺度機能

世の中で販売されている食べ物やサービスにはすべて値段がついています。一般的に値段の高い商品やサービスほど、私たちが感じる値打ちも高くなります。例えば寿司1貫100円と、1貫1万円では、後者の価値を高く感じます。このように商品やサービスの値打ち、価値を決める物差しとしての働きがあります。

この3つの機能の中で、「価値の尺度機能」というのが、アンカリング効果と関連します。例えばここに、「古ぼけた壺」があるとします。私にはその壺の価値がよく分からないので、「こ

＊1：一般社団法人全国銀行協会「お金の機能とは？」より引用
お金の機能とは？―G・金融経済を学ぶ―一般社団法人全国銀行協会（zenginkyo.or.jp）

れは1万円ぐらいかな」と思いました。ところが、骨董品の価値の分かる人から、「この壺は8、000万円するんです。でも今回、この博物館を閉館することになりました。そこで特別に4、000万円でお売りできますよ」と言われたらどう思いますか?

私は「なるほど、いつの時代のものか分からないけれども、この壺には8、000万円の価値があるんだ。それが4、000万円とは、お得なのではないだろうか」と感じてしまいます。最初にこの壺は1万円ぐらいじゃないかな、と思っていたにも関わらずです。

よってこの例では、「8、000万円」という価値で一度アンカリングされてしまった、ということです。

この様にアンカリング効果は、人の考え方や価値観にバイアスをかける、非常に強力なテクニックです。

それではこれを、生命保険のセールスに応用してみましょう。

冒頭のお客様に対して、お客様のニーズを満たすためには保険料が毎月10万円のご提案になります。しかし、お客様に聞いてみたところ、保険料として支払えるのは毎月3万円程度。ところがこの3万円というのは、「3万円しか支払えない」という金額ではなく、セールスに対する信頼感がそれほどないためなのか、保険というものに支払うべき金額は3万円と漠然と思っているからなのか、根拠がありません。

それならば、セールスに対する信頼が上がれば、もしくは提案と保険料の根拠がしっかりとしていれば、10万円の提案も受け入れていただけるかもしれません。

そこでプレゼンテーションの段階で、まずはお客様のニーズを完全に網羅した一番高級なプランを提案してみましょう。大事なことは、この高級なプランが、お客様にとってそれだけの価値があり、お客様のお役に立てるものなのだ、ということを真剣に考えて提案をすることです。

そうすることで、お客様に「良いものは高いんだ」というアンカリングをすることができ、私たちの提案をしっかりと「価値のあるもの」と理解していただけるでしょう。

それでも「毎月10万円の保険料は支払えない」ということであれば、少しずつ機能を削っていき、8万円、6万円、4万円と保険料を下げていきます。10万円という保険料でアンカリングをしておくことで、当初予定していた3万円よりは高い保険料でご契約をいただける可能性がグッとアップします。

高価で良いものを先に提案する

ここで大切なのは、最初に高い保険料を提案するといいと言われたからといって、とにかく高い保険料をお見せすればいいというものではありません。20万円とか、30万円の保険料のものを提案したら、反対にお客様から信頼を失ってしまいます。

見せ球として高い保険料の保険を提案するのではなく、お客様のニーズを全て満たした最高のプランを提案してみてください。

19

挟んで伝える

お客様にメリットをお伝えする際に、ちゃんとメリットが伝わらないのです

結論はこちらです

え？　サンドイッチ？

そうです。メリットを強調するには、「サンドイッチ話法」が効果的です。

■サンドイッチ話法
デメリットをメリットとメリットで挟む話法のこと

何をサンドイッチにするかというと、デメリットをメリットとメリットでサンドします。

要するに、メリット→デメリット→メリットの順で話をする、ということです。

私たちがご提案する生命保険というのは、専門性のあるものです。ですから当然ですが、私たちが分かっていることと、お客様が理解していることの間には、知識の差があります。

これを情報の非対称性と言いますが、お客様が商品を正しく理解できる様、セールスはデメリットも含めた正しい情報をお客様にお伝えしなくてはいけません。

「デメリットを話してしまったら、お客様から敬遠されてしまって商談がうまくいかない」と言う人がいますが、それは間違いです。

正しい判断ができる情報提供をお客様にしてこそ、セールスとしての存在価値があります。さらに、それをやり続けられるセールスこそ、セールスとして長続きします。

加えて、デメリットをお伝えすることには、いい面もあります。デメリットをきちっとお伝えすることで、メリットとデメリットには「差」が生まれ、よりメリットが際立つのです。

しかし、いくらお客様のためだからといってデメリットを強調しすぎてしまっては、商談はうまくいきません。そこで、デメリットをメリットとメリットで挟む「サンドイッチ話法」を活用します。

この「サンドイッチ話法」ですが、先日私も、ある家電量販店で体験しました。

私は今、「キックボード」が欲しいと思っています。家からオフィスまで、歩ける距離ではないのですが、満員電車が嫌なので、キックボードがあったら快適に通勤できるだろうなぁと漠然と考えたからです。そこで家電量販店へ見に行ったのですが、キックボード自体どういうものなのかよく分かっていなかったので、なかなか踏ん切りがつきませんでした。

そこで店員さんからこう言われました。

メリット
「キックボードは公道でも乗ることが可能で、通勤にも使うことができますよ」
デメリット
「ただ、雨が弱点です。キックボードは雨では滑りますし、傘をさして乗ることはできません」
メリット

「でも、行きさえ晴れていれば帰りは雨でも大丈夫なんです。折りたたんで電車に載せて帰ってくることがでるんです」

この様に、メリット、デメリット、メリットの順でキックボードの魅力を伝えられました。いかがですか？　ちゃんとデメリットは伝えられたのですが、そんなに気にならなくないですか？

ポイントは、最後のメリットをお伝えする時、真ん中のデメリットを払拭するようなメリットをお伝えすると、よりよいということです。

それでは、実際のセールスに応用してみましょう。

例

メリット

「この保険は、お客様に万一のことがあった際はご遺族に保険金が、無事に60歳を迎えられた場合は、満期保険金をお客様が受取ることができます」

デメリット

「ただし、60歳までに解約されると解約返戻金はほとんどありません」

メリット

「解約しにくいものだからこそ、老後の資金として貯めていただけますよ！」

いかがですか？　解約返戻金が無い保険というのは、万一保険料を支払えなくなっても解約しにくいので、多くのお客様が難色を示されるのではないでしょうか。解約返戻金がほとんど無い、というデメリットは必ずお伝えしなくてはいけません。しかし、そのデメリットをお伝えするだけではなく、解約しにくいからこそのメリットを続けてお伝えすることで、「解約返戻金がほとんど無い」というデメリットは、逆にメリットに聞こえてくるのではないでしょうか。

ここが少し難しいポイントですが、デメリットの後のメリットは、何でもいいわけではありません。**先のデメリットを払拭できるものにする**ことで、プレゼンテーションにストーリー性が出て、お客様が理解しやすくなります。そして、メリットの部分が気持ちよく伝わります。慣れるまで少し大変かもしれませんが、是非チャレンジしてみてください。

20 魅力的な伝え方

プレゼンテーションの場面で、商品をより魅力的に見せることが苦手です

コロナの第7波では、1日に約20万人の人が感染した日もあります。1日に20万人というと、すぐに日本国民全員が感染してしまう様に感じませんか？　しかし、実際に計算してみると、1億2、000万人が感染するには、600日かかります。およそ2年かかるということですね。この様に、大きな数字というのは、身近ではないのですぐには正しく把握できません。

そこで今回は、「数値」をお客様に魅力的に伝えるにはどうしたらいいか？ということを考えてみます。

「数値」を魅力的に見せるには、「シャルパンティエ効果」を活用します。

■シャルパンティエ効果

オーグスチン・シャルパンティエ氏が発表
身近なイメージを使って例えると心理的錯覚を起こす効果のこと

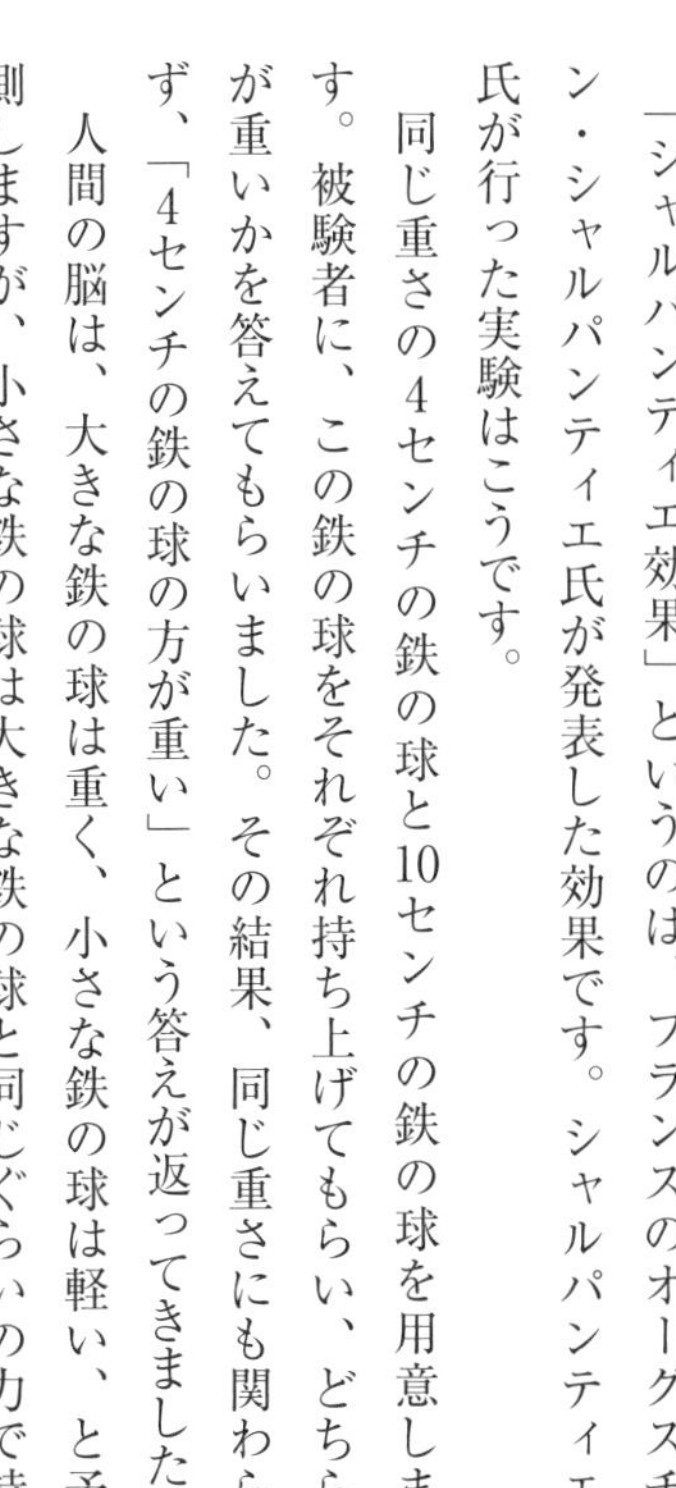

「シャルパンティエ効果」というのは、フランスのオーグスチン・シャルパンティエ氏が発表した効果です。シャルパンティエ氏が行った実験はこうです。

同じ重さの4センチの鉄の球と10センチの鉄の球を用意します。被験者に、この鉄の球をそれぞれ持ち上げてもらい、どちらが重いかを答えてもらいました。その結果、同じ重さにも関わらず、「4センチの鉄の球の方が重い」という答えが返ってきました。

人間の脳は、大きな鉄の球は重く、小さな鉄の球は軽い、と予測しますが、小さな鉄の球は大きな鉄の球と同じぐらいの力で持ち上げる必要があったため、小さな鉄の球の方が重いと判断したのです。これは、視覚からのイメージで、重さを判断してしまうという錯覚現象です。

この結果を応用して、「シャルパンティエ効果」は現在様々な場面で活用されています。名前は聞いたことがなくても普段から体験しているのではないでしょうか。

例えば「ビタミンC1000mg配合」、この様な広告よく目にしませんか？　こういった広告を見ると、なんだか体に良さそうな気がしますよね。一方で、1000mgってどれぐらい?と思うわけです。そこでこれを、「レモン50個分のビタミンC配合」と言い換えると、ぐっとイメージが湧きますよね？

他にも、土地の広さを伝える際に「○○坪の敷地面積です」と言われるよりも、「東京ドーム○○個分の広さです」と言ったりもします。

この様に、同じ内容でも言い方によって人に与えるイメージが異なる、というのが「シャルパンティエ効果」です。

それではこれを、セールスに応用してみましょう。

お客様へ数値をお伝えする際に工夫をしてみてください。

例えば、「10万円の配当があります」とお伝えする場合、紙に「10万円」と書くのではなく、「100、000円」と書くことで、より数字の大きさを感じていただけます。これは視覚から入る情報についての方法です。

一方で、聴覚から入る情報についてはこの様な感じです。

税金についてお話をする際、「収入の20%が税金です」とお伝えするのではなく、「1カ月20日働くとしたら、そのうち4日分は税金を支払うために働いているということです」と言い換えていただくと、税金って高いんだなと感じていただけるのではないでしょうか。

このように、プレゼンテーションにおいてお客様へ数字を伝える際に、伝え方を工夫してみてください。ポイントは2つ、**メリットは大きく!**、**デメリットは小さく!** です。

もちろんですが、誤認はよくありません。しかし、お客様によりメリットを感じていただくために、ちょっとした工夫をしてみるといいと思います。

21
信頼を高める

私たちがお勧めする商品やサービスについて、信頼を高めることができません

セールスをする私たちが、「この商品はとても人気なんです。」「この商品はとてもいい商品です」といくら言っても、お客様はそんな言葉を簡単には信じてくれません。ではどうしたらいいのでしょうか。そこで「ウィンザー効果」を活用してみましょう。

■ウィンザー効果
アーリーン・ロマネス著『伯爵夫人はスパイ』の一節
登場人物のウィンザー伯爵夫人が「第三者の褒め言葉がどんな時も一番効果があるのよ」と

言ったことに由来する

「ウィンザー効果」とは、当人からではなく、利害関係の無い第三者が発信した情報は信憑性が増し、受け入れやすくなるという心理効果です。語源が面白く、アーリーン・ロマネス著『伯爵夫人はスパイ』という小説の中で、ウィンザー伯爵夫人が「第三者の褒め言葉がどんな時も一番効果があるのよ」と言ったことに由来しています。

この「ウィンザー効果」ですが、私たちの身近でたくさん利用されています。

例えば、新しい飲食店に行く際、Ｇｏｏｇｌｅや食べログなどの口コミサイトを見て、良さそうな口コミがあるかを確認しますよね。ネットで何か物を購入する際も、その物が良いのか悪いのか、口コミを確認すると思います。この口コミ、飲食店の店主やお店が書いているのではなく、そのお店とは利害関係のない第三者が書いているからこそ、信頼できるものになります。

他にも、私が○○さん本人に向かって、「○○さんって頭いいですよね！」と言うと、○○さんはただのお世辞だと感じてしまうかもしれませんが、「先日△△さんが、○○さんのこと賢いって言ってましたよ！」と言うと、説得力が増します。第三者が自分のいない場所で言っていたことは、お世辞ではないと感じるからです。

そこでこれを、保険のセールスに応用してみましょう。
まずは、口コミを集めておきます。お客様にご契約をいただいたら、この保険のどこが良かったのか、なぜ契約していただけたのかを、必ずヒアリングしましょう。毎回ヒアリングすることで、たくさんの口コミを集めることができます。そしてそれを、次のお客様のプレゼン時にお伝えします。

この様な感じです。
「先日ご契約いただいたお客様には、要介護1から給付金が出るというところを気に入っていただきました」
こうお伝えすることで、この保険の信用、信頼が高まること間違いなしです。

一方で、私たちセールスがこの「ウィンザー効果」を使用するに当たっては、注意しなくてはいけないこともあります。それは、「良い意見」だけでなく「悪い意見」もお伝えする、ということです。「良い意見」だけをお伝えしていると、「この人、良い意見しか伝えてくれなくて、悪い意見はきっと隠しているに違いないわ」と、疑われてしまいます。

そこで、「良い意見」と「悪い意見」を両面提示します。この様な感じです。

「先日ご成約いただいたお客様には、〇〇という点を気に入っていただきました。一方で、××という点が気に入らないというお客様もいらっしゃり、その方は成約にはなりませんでした」

この様に「良い意見」と「悪い意見」を同時にお伝えすることで、私たちの言葉もお客様から信用していただける様になります。

ただし、この両面提示、正直に「良い意見」と「悪い意見」をお伝えするのではなく、コツがあります。

「良い意見」については、信頼の高い人の言葉を取り上げてお伝えします。反対に、「悪い意見」については比較的素人の方の意見を取り上げてお伝えします。

例えば、

「先日、お母さまの介護をされているお客様からは、要介護1から給付金が支給されることを気に入っていただき成約になりました。一方で、30代のお客様からは介護に関する給付は不要なのでもう少し保険料が安いものがいいと、成約になりませんでした」

といった感じです。

この場合、「介護」というものを身近に感じていらっしゃるお客様が「介護給付」を気に入ってくださっていて、「介護」を身近に感じていらっしゃらないお客様が「介護給付」が気に入らなかった、ということで、「良い意見」の方が際立つようになります。ちょっとやり方はずるいかもしれませんし、嘘をついてはいけませんが、これも1つのコツです。

お客様に商品をプレゼンテーションする際に、その価値を高めるためには、私たちセールスがどれだけ良いことを言っても伝わりません。**第三者であるお客様の言葉をお借りしてお伝えします。**それに加え、「良い意見」だけお伝えしては信頼されないので、「良い意見」「悪い意見」を第三者の意見として提示し、商品価値を高めましょう。

22 数字の魔術

商品説明をする際、どうもお客様に商品の魅力が伝わりません

同じ商品を説明していても、魅力的に伝えられる人と、うまく魅力が伝えられない人がいます。その違いはなんなのでしょうか。そこで今回は、数字を魅力的にお伝えする方法についてです。

突然ですが、あなたはピザを2枚注文しようと思っています。

Aというピザ屋のチラシには「今ならピザ1枚50％OFF！」と書かれています。

Bというピザ屋のチラシには「今ならピザ1枚購入でもう1枚無料！」と書かれています。

どちらのピザ屋で注文をしようと思いますか？

ピザを2枚購入する場合、どちらも支払う金額は同じです。しかし、Bの「今ならピザ1枚購入

でもう1枚無料！」という方が魅力的に感じませんか？

多くの人は、「50％ＯＦＦ」や「半額」という言葉よりも「無料」という言葉に惹かれるのだそうです。そこで今回は、商品を魅力的に伝える方法「フレーミング効果」についてです。

■フレーミング効果

1981年　プリンストン大学名誉教授ダニエル・カーネマン氏と、心理学者のエイモス・トヴェルスキー氏が雑誌サイエンスに発表

同じ内容でも伝え方が変われば、受け取り方も変わるという心理効果

「フレーミング効果」とは、絵画のフレームで切り取る様に、どこを強調するかで相手に与える印象を変え、意思決定に影響を及ぼすことを言います。そこで次の例を見てみましょう。

「タウリン1000ｍｇ配合」

1000ｍｇというのは1ｇと同じことです。しかし「タウリン1ｇ配合」よりも「タウリン1000ｍｇ配合」と書いてあった方が、タウリンがたくさん配合されている印象を与えますよね。

「2個買うと1個無料」

1個100円だとして、3個買うと本来300円ですが、「2個買うと1個無料」ということは200円で3個手に入るということです。要するに、33%引きということですが、「33%引き」と言われるよりも「1個無料」と言われた方が、お得な印象を与えますよね。

「保証期間365日」

365日というのは1年のことですが、「保証期間1年」というよりも「保証期間365日」と言った方が、保証期間が長い印象を与えますよね。

「30日間金利ゼロ」

先ほどの例と同じで、30日というのは1カ月のことですが、「1カ月間金利ゼロ」と言うよりも「30日間金利ゼロ」と言った方が、金利ゼロの期間が長い印象を与えますよね。

「90%の人が志望校に合格」

90%の人が合格したということは、10%の人が不合格だったわけですが、「10%の人が志望校に不合格」というよりも、「90%の人が志望校に合格」とした方が印象が格段に良くなりますよね。

このように私たちが普段耳にしている、目にしている数字と言うのは、「フレーミング効果」でコントロールされているわけです。そこで、商品説明でもこれをうまく使っていくことで、お客様に商品を魅力的に伝えていくことができます。

それでは、セールスに応用してみましょう。

お客様に**お支払いいただくものについては、数字をなるべく小さく**します。毎月の保険料が10、000円の保険を提案するのであれば、「毎月10、000円保険料をお支払いいただきます」というのではなく、「1日約300円の保険料です。喫茶店でコーヒーを飲むより安い金額で、こちらの保険に加入していただけます」といった方が、支払う保険料のイメージが安くなります。

そしてお客様が**お受取りになるものについては、数字をなるべく大きく**します。万一の時の保険金が1、000万円なのであれば、「1、000万円」ではなく、「10、000、000円」と書いてお見せします。

さらに、「無料」という言葉を使うことも効果的です。保険の特約には「無料」で付けられるものが多くあります。例えば「リビングニーズ特約」や「指定代理請求特約」など、特約の機能をお伝えするとともに、「この様な機能を「無料」でお付けすることができます」とお話します。

この様に、お客様にお伝えする「フレーム」を変えて、メリットはよりメリットとして伝わる様に、デメリットはデメリット感が小さくなる様に、同じことを伝えるにしても魅力的に伝わる様にすることがとても大切です。

お客様に間違った情報をお伝えすることは言語道断ですが、同じことをお伝えするのにも、どの「フレーム」からお話をするのかで、伝わり方がポジティブにもネガティブにもなります。魅力的に伝わる「フレーム」を探して、魅力的なプレゼンテーションができる様に工夫してみてください。

23 Whyから始める

商品のプレゼンテーションが、お客様に響きません

商品のプレゼンテーションを一生懸命しても、お客様に良さが全然伝わらないという方が多くいらっしゃいます。それは話す順番が間違っているからかもしれません。

例えば、医療保険のプレゼンテーションをお客様にする時に、こんな順番でお話をしていませんか？

① 医療保険の新商品が出ました。
② この医療保険は、1日目から給付金が出ます。
③ いかがですか？　これをお選びになると、すごく安心ですよ。

順番で言うと、一番最初にＷｈａｔ、次にＨｏｗ、そして最後にＷｈｙ、という流れでプレゼンテーションをしています。一見、分かりやすく、正しい順番で説明をしている様に感じます。

この順番に対して、プレゼンテーションの順番が違うとおっしゃった方がいます。そこで今回は「ゴールデンサークル理論」についてです。

■ゴールデンサークル理論

２００９年にサイモン・シネック氏が、ＴＥＤ　ＴＡＬＫでプレゼンした「優れたリーダーはどうやって行動を促すか」の中で提唱された理論

Ｗｈｙ：なぜ、この商品を作ったのか？

Ｈｏｗ：この商品でどんなことができるのか？

Ｗｈａｔ：どんな商品か？どんなアイデアか？

Ｗｈｙ→Ｈｏｗ→Ｗｈａｔの流れで説明すると人は動く

「ゴールデンサークル理論」とは、次のイラストの様にプレゼンテーションの順番をＷｈｙから始めて、Ｈｏｗ、Ｗｈａｔと続ける、という理論です。

多くの人はプレゼンテーションをＷｈａｔ、Ｈｏｗ、そして一番中心のＷｈｙ、という順番で行っています。なぜかというと、「Ｗｈａｔ」というのは、何をするべきか、何をしたかということになるので、経営陣を含め、会社にいる人はその事実をよく知っています。そのため、「新商品が発売されました」という事実から入ってしまうのです。

そして次に、この商品にはこんな機能があるという「Ｈｏｗ」の話をします。そして、「Ｗｈｙ」の部分、なぜこのサービスや商品を開発したのか、なぜこのサービスや商品をご提案しているのか、という信念に通じる部分に至っては、お話せずに終わってしまうことが多いのです。

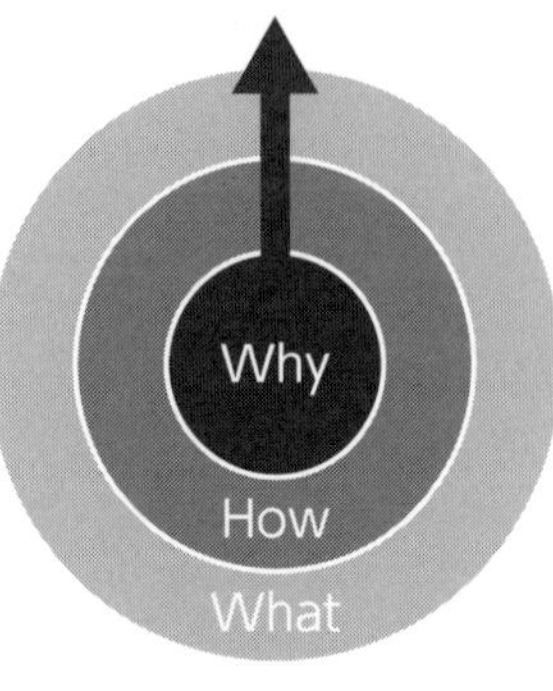

そしてこの順番で話をすると、相手は動機づけられず、行動が変容しないと言われています。

そこでサイモン・シネック氏は、この順番、つまりＷｈａｔ、Ｈｏｗ、そしてＷｈｙの順番ではなく、真ん中のＷｈｙから話をしていくべきだと唱えました。

このＷｈｙから始めることを徹底している企業があります。それが皆さんよくご存じのＡｐｐｌｅです。Ａｐｐｌｅは、この商品をなぜ開発したのかという「Ｗｈｙ」から話を始めます。その信念から始めることで、多くの人の共感を得られるのです。

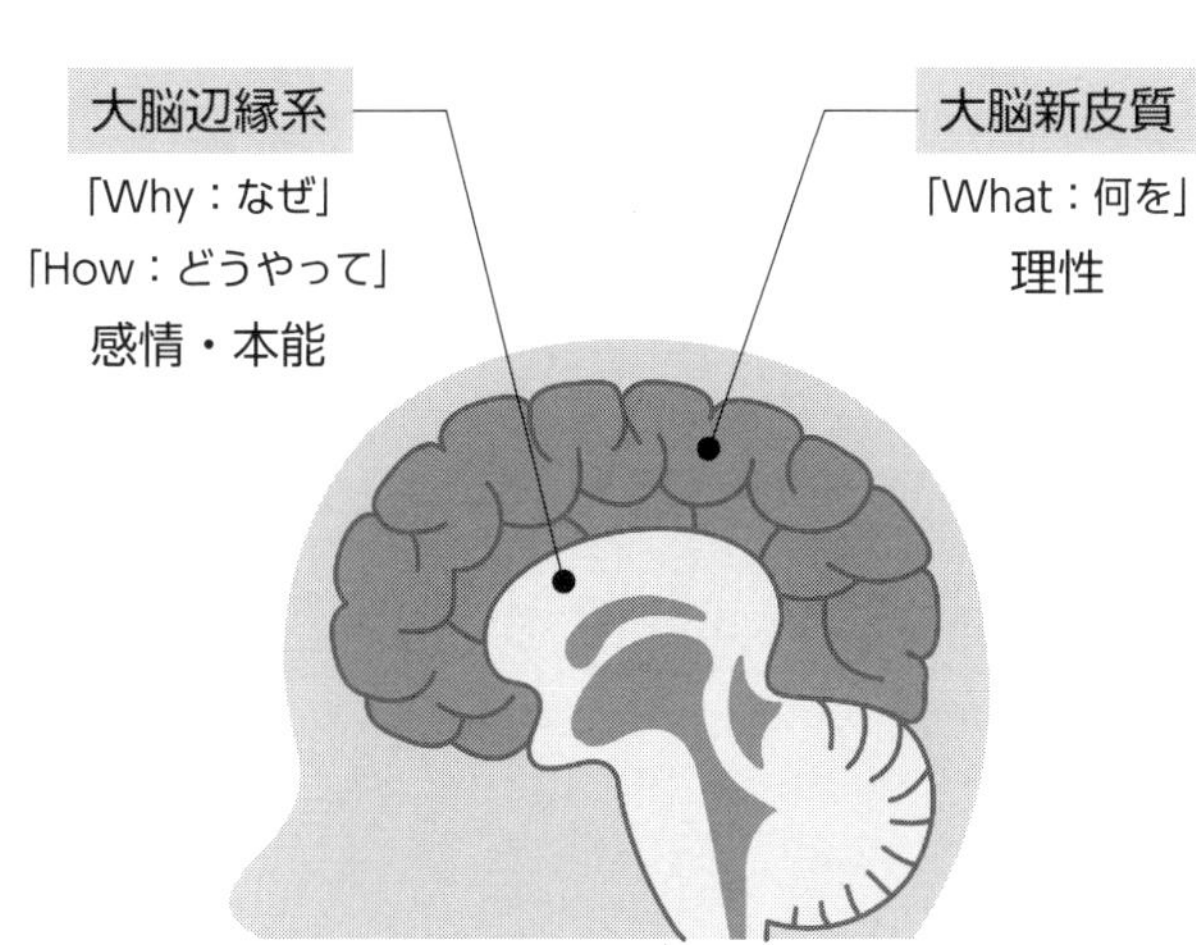

他にも、キング牧師であったり、ライト兄弟であったり、今まで世の中を変えてきた人は必ず「Ｗｈｙ」から始めています。この「Ｗｈｙ」から始めるというのは、生物学的にも裏付けがあります。

上のイラストをご覧ください。人間の脳の断面を2つの要素に分けたものです。

まずは大脳辺縁系です。ここは感情や本能の機能をつかさどる部分で、人間の脳のうちで最初に育つ部分です。ＷｈｙやＨｏｗに対応するため、Ｗｈｙから伝えることで、脳の意思決定と行動をつかさどる部分に直接働きかけ、人の心を動かします。

次に大脳新皮質です。ここは論理的な言語の機能をつかさどる理性的な部分で、大脳辺縁系の次に成長する部分です。Ｗｈａｔに対応し、行動や決定した理由を後付けし、理性で納得させます。

そのため、Ｗｈａｔから伝えても、脳の行動をつかさどる部分に届かず、人の心を動かせないのです。

それではこの「ゴールデンサークル理論」をセールスに応用してみましょう。

冒頭で見ていただいた、Ｗｈａｔ↓Ｈｏｗ↓Ｗｈｙの順番での医療保険のプレゼンテーションを、Ｗｈｙ↓Ｈｏｗ↓Ｗｈａｔの順番で行ってみます。

まずＷｈｙの部分、なぜこの商品を開発したかというところでは、

「入院の短期化に合わせて、お客様へ経済的な保障を届けることを我々は考えています」

そして次にＨｏｗの部分、

「そのために、これまでの入院４日目から出る保険ではないものを、開発しました」

そして最後にＷｈａｔの部分、

「診断されたらすぐに給付金が出る新商品なのですが、いかがでしょうか？」

理念からお伝えしていくと、この様な流れになります。そうすることでお客様は、会社の理念や、商品、サービスを開発した背景が理解できるので、スッとご納得いただけるのではないでしょうか。

プレゼンテーションの肝は、「相手の気持ちを動かす」ことにあります。**そのためには、「なぜこ**

の商品が開発されたのか」「なぜ会社はこのサービスを考えたのか」といった、「Ｗｈｙ」、理念についてお話をすることが大切です。そうすることによって、お客様の感情に訴え、共感を呼び、行動を促すことができるでしょう。

24 ストンと落ちる

プレゼンテーションで使用するスライドを作成するのですが、お客様に響いていない様なのです

最近は、オンラインで商談をする機会も多くなり、画面上でお客様に資料等をお見せすることも多々ありますよね。自分でプレゼンスライドを用意する場合は、スライドの作り方1つで、お客様の心に響かせることも、響かせないこともできます。お客様の心に響くプレゼンスライドはどうやって作成したらいいのか？　そこで今回は、「ストループ効果」についてです。

■ストループ効果
1935年　ジョン・ストループ氏が提唱

文字の色の情報と文字が持つ情報が矛盾している場合、反応するまでに時間がかかってしまう現象のこと

青赤緑緑青

「ストループ効果」とは、文字の色と、その文字が持つ意味が異なっている場合、何を表しているかを理解するまでに時間がかかってしまう現象のことを言います。

例えば、上のイラストで、文字と色が一致している時の文字の「色」を声に出して読んでみてください（青・緑・赤のそれぞれの色で書かれている）。

右から「あお」「みどり」「みどり」「あか」「あお」これは簡単ですよね。

では、青が「赤色」、緑が「青色」、赤が「緑色」で書かれていたらどうでしょう。

右から「あか」「あお」「あお」「みどり」「あか」

1回目よりも時間がかかったのではないでしょうか。

1回目は、「色」と「文字が表す意味」が同じでしたが、2回目は「色」と「文字が表す意味」が矛盾しています。そこで、答えを導き出すのに時間がかかってしまったわけです。

これが「ストループ効果」です。２つの情報が矛盾していると、脳が混乱するのです。

他にも、信号の色と意味は
・赤色の時に止まる
・黄色の時に注意する
・青色の時に進む
となっています。これが、こんな風に変わってしまったらどうですか？
・赤色の時に進む
・黄色の時に止まる
・青色の時に注意する
みんなが大混乱して、交通事故がたくさん起きてしまいそうですよね。

この様に、「色の情報」と「意味」が広く認知されているものであればあるほど、先入観が邪魔をして混乱をきたします。そのため「ストループ効果」は、見る人にストレスや不快感を与える効果とも言えます。

このことから、プレゼンテーションでお客様にお見せするスライドも、誤った表記の仕方や画像を使ってしまうと、「ストループ効果」が働き、お客様へストレスを与えてしまうのです。

それではセールスに応用してみましょう。

自己紹介のスライドにおいて、「自分は繊細なんです」と言いたい場合、上掲のスライドが出てきたらどうでしょうか？

繊細

黒い背景に赤い文字、そして文字のフォントも丸文字、これでは「繊細」ということは全く伝わりませんし、お客様が、「この人は繊細って言ってるけど、なんだか怖い感じがするわ」と混乱してしまいます。自己紹介のスライドを作成する際は、自分のイメージに合った「背景色」と、「文字のフォント」を使う様にしてください。ご自身の写真をスライドに貼る方もいらっしゃいますが、自分の性格を「明るい」と表現しているのであれば、真顔の写真ではなく、笑顔の写真を貼る様にしましょう。

そして、商品のプレゼンの場面においてはさらに配慮が必要です。生命保険のセールスは、人がお亡くなりになるとか、病気になるとか、介護状態になるとか、暗い話をしなくてはいけません。そこで、その時に使用する「色」や「イラスト」はとても重要になります。インターネット上には、お洒落なスライドのテンプレートや、かわいいイラストがたくさん存在します。お洒落なスライドのテンプレートにかわいいイラストをふんだんに使ったら、お洒落なスライドや、かわいいスライドは完成します。しかし、人が亡くなる話や、病気になる話にはそぐわないのではないでしょうか。

人が亡くなる話や、病気になる話をする場合には、少し暗めの背景に、落ち着いたフォントで文字を記載するようにしましょう。

お客様に伝えたい内容と、見せているスライドのイメージが異なると、お客様は混乱してしまい、ストレスを感じてしまいます。せっかく心に響く話をしているのに、スライドが原因でお客様の心に響かなかったらもったいないですよね。一方で、プレゼンスライドを自分で作成していると、綺麗なスライドに仕上げたいと思ったり、お洒落なスライドに仕上げたいと思い、ついつい手の込んだものにしてしまいがちです。スライドを作成したら、一度周りの人に見てもらい、自分が話そうとしていることと、スライドのイメージが合っているか、意見を聞いてみましょう。

25 保険の機能を植え付ける

保険の様々な機能を、お客様がなかなか理解してくれません

生命保険には、メインの保障に加えて様々な保障がついています。しかし、たくさんの保障がついていればついているほど、お客様にとっては安心の材料が増えるにも関わらず、内容を理解して、覚えておいていただくことが難しくなります。「保険金」というのは、受け取れる状態に該当した場合、保険会社に請求しないと支払われません。ということは、どんな状態になったらどんな「保険金」が受け取れるのか、それをお客様に理解して、覚えていただいておく必要があります。

例えば「高度障害保険金」や、「リビングニーズ特約」をお客様に説明する際、どうお伝えしていますか？　この様に、機能だけ淡々とお伝えしていませんか？

「高度障害保険金」

両目が見えなくなったり、両足が動かなくなった際に、高度障害保険金をお支払いします。

「リビングニーズ特約」

余命6カ月と宣告されたら、その時点で3、000万円を上限に死亡保険金をお支払いします。

説明としては間違っていませんが、大事なポイントが抜けています。

頭に残らないし、つまらないのです。プレゼンテーションで大事なことは、「お客様の記憶に残すこと」です。お客様の記憶に残っていなければ、保険金を請求することができず、せっかくの保障が無駄になってしまうのです。

それではどうやって伝えれば、お客様の頭に残るのでしょうか。そこで「機能的固着」について考えてみましょう。

■機能的固着

物の「機能」に「固着」するあまり、その他の「機能」に気付かなくなる

「機能的固着」とは、その物の一般的な「機能」に固着するあまり、他の用途にも使えることに気が付かないことをいいます。

こんな実験がありました。 

被験者が部屋に通されます。そこには2本の「紐」が天井からぶら下がっています。両手を伸ばしても、2本の「紐」を同時に掴むことはできません。

この状況で、「2本の紐を同時に掴んでください」というお題が出されます。

部屋の隅には、「椅子」「白い紙が2枚」「ペンチ」があります。

これらの道具を使って、2本の「紐」を同時に掴むことはできるでしょうか？

この実験では、ほとんどの被験者がまず「椅子」を手に取りました。「紐」が上からぶら下がっているから、「椅子」に乗れば何か解決するのではと感じたのでしょうか。しかし、「椅子」では解決しません。

2本の「紐」を同時に掴むには、「ペンチ」を使用するのです。片方の紐に「ペンチ」を結び、振り子の様にして片方の「紐」を振ります。もう片方の「紐」を掴みながら、その振った「紐」をキャッチする、そうすることで2本の「紐」を同時に掴むことができます。

これが「機能的固着」です。「ペンチ」は通常、物を挟むものなので、「紐」に括り付けて「おもり」にするという発想が浮かびません。このように、過去の経験が足かせとなることで、その他の「機能」に気付くことができないのです。

私も以前、こんな経験をしたことがあります。

家でケガをしてしまい、消毒液を探しました。しかし見つかりません。そこへ妻が何かを手にもってこっちへ来ました。そしてプシュッと、ケガをしたところにかけました。ケガをしたところから、いい香りが漂います。手に持っていたもの、それは「香水」だったのです。「何をするんだ?」と言った私に、妻はこう答えます。「ケガをした時に消毒液がなければ香水をかければいいのよ。香水はエタノールだから、殺菌効果もあるし」※諸説あります。

この様に、私は「香水」＝外出する時に吹きかける良い匂いがするものと、その物に対する「機能」に「固着」してしまっていたのです。

それではこれをセールスに応用してみましょう。

お客様に「死亡保険」を提案する際、保険の名称に「死亡」とついていることから、お客様にも「機能的固着」が起こっているのです。その結果、「死亡」した際に支払われる保険、というのはいつまでも記憶に残りますが、それ以外の支払い要件が記憶に残りません。

そこで、このお客様の「機能的固着」を解除するにはどうしたらいいのか、それは「質問」をすることです。

セ 今回ご検討いただいている死亡保険は、お亡くなりになった時にはどんな役割を果たすか、ご理解いただけましたか？

客 死亡保険金が出るんだよね？

これは簡単です。

セ では、もし50歳の時、ちょうど上のお子様が高校生の時に、余命6カ月と宣告されたら、この保険はどんな役割を果たすか、お分かりになりますか？

客 えっ？

ここで「リビングニーズ特約」の説明をします。

「リビングニーズ特約」の役割と、そこで給付されたリビングニーズ特約の給付金によって、どれだけご家族が助かるのか、ということを映像化してお伝えします。

そして次に、

セ もし45歳の時、事故に遭って両足が動かなくなってしまったら、今のお仕事を続けるのは難しいと思いますし、お子様もまだ小さいです。この保険がどんな役割を果たすか、お分かりになりますか？

客 分からないなぁ。

ここで「高度障害保険金」の説明をします。「高度障害保険金」の機能の説明にとどまらず、「高度障害保険金」でその後ご家族がどれだけ助かるのか、そこまで映像化してお伝えします。

さらに、

セ もし40歳の時に、下のお子様はまだ小学生だと思いますが、がんにかかったら、この保険は何の役に立つか分かりますか？

客 ？？？

「がん」に罹患した場合、保険料が払込免除になる、そんな機能がついている保険も多くあります。そこで、払込免除について、それがどんな機能で、どんなに助かる機能なのかという事を、映像化してお伝えします。

この様に、お客様に質問をしてやり取りをすることで、また、保険の「機能」だけでなく、その

「機能」を使うことで、その後のご自身やご家族がどれだけ助かるのか、というのを映像化してお伝えすると、お客様の「記憶」に残り、いざと言う時に本当にお客様の助けとなるのです。

「死亡保険金」は「死亡」した時だけ役に立つものではないということ、お客様の「機能的固着」を払拭するようなプレゼンテーションをする様にしましょう。

生命保険は、お客様から請求がなければ支払われません。万一の時の備えがしっかりとできているのに、知らないがゆえに活用できない、そんなことが起こってはいけません。お客様の記憶にしっかりと残るプレゼンテーションを行ってください。

26 罰を与える？

良い商品ですね、と言っていただけるのですが、最終的に契約に至らないのです

プレゼンテーションの場面では、その生命保険が持つ素晴らしい機能を理解してもらおうと、お客様に一生懸命魅力をお伝えします。お亡くなりになった時、高度障害になった時、余命宣告を受けた時、入院が必要になった時、老後を迎えた時など、お客様に起こり得るあらゆるケースを挙げて、生命保険が役立つ場面を説明していきます。しかし、実はその説明がうまければうまいほど、お客様はこう思います。

「話がうますぎる」

セールスパーソンの説明がうまければうまいほど、商品が魅力的に見えすぎて「何か裏があるのではないか？」とお客様が思ってしまうのです。それは、「罰への欲求」という心理が働いている

からです。

■罰への欲求
アメリカの深層心理学者E・ディヒター氏が提唱
良いことが続けて起きると、今度は逆に悪いことが起こるのではないかと不安になる現象のこと

「罰への欲求」とは、人は良いことが続くと、次は悪いことが起こるかもしれないと考えてしまうことです。**無意識のうちにバランスを保ちたいという心理が働き**、心のどこかで悪いことが起こるのではないかと考えてしまうのです。これは、人間の自然な心理現象です。

この「罰への欲求」が作用するために、セールスが良いことだけをプレゼンテーションの場面において言ってしまうと、悪いことを隠しているのではないか？　とお客様が感じ、成約に至らないわけです。

そこでこれを、セールスに応用してみましょう。

「罰への欲求」を満たすためには、提案している保険商品の魅力をお伝えした後、デメリットについても説明し、「これだけのメリットがあるのだから、デメリットも当然受け入れるべきだ」と、お客様に感じていただきましょう。

死亡保障を提案する場合には、「お客様に万一のことがあった場合、遺されたご家族が安心して生活していけるようなお金が支払われます。このような安心を得るために、毎月2万円の保険料を負担していただくことになります。お客様のお小遣いが少し減ってしまうかもしれませんね。」

年金保険を提案する場合には、「こちらの個人年金保険であれば、65歳から毎月決まった金額が入ってきます。月に1回くらいお友達と旅行する余裕ができるかもしれません。ですが、この保険に入るためには毎月3万円の保険料をお支払いいただきます。外食を数回減らしていただかなくてはいけないかもしれませんね」

この様に、メリットと共にデメリットもお伝えします。

ただし、注意点があります。メリットとデメリット、どちらもお伝えすることが大切ですが、デメリットを多くお伝えしてしまうと、「この商品はあまり良くないんだな」と思われてしまいます。そこで、**メリットとデメリットは7：3ぐらいでお伝えする**と良いでしょう。プレゼンテーションの場面においては、多くのメリットをお伝えしていると思います。その中で、少しだけデメリットをお伝えしてみましょう。

生命保険の魅力を上手に伝えられるようになったら、お客様の「罰への欲求」を満たし、将来の経済的な保障と安心を手に入れるために、当然受け入れるべき痛みを理解してもらうようにしましょう。

27

最初がいいか？　最後がいいか？

プレゼンテーションで、どの順番で話すとお客様の心に響くのかが分かりません

今回は、「プレゼンテーションの展開方法」についてです。

プレゼンテーションの場面で生命保険の必要性を語る時、どのような流れで話をしていますか？　その場の雰囲気で話をしてしまったり、思いつくままに話をしてしまったりしていませんか？　話す順番について検討を重ねたうえで話をしていますか？

プレゼンテーションでは、どういった構成で話をするのか、その構成がとても重要なのです。

それでは、どの様な構成で話をしたらいいのか。「アンチクライマックス法」と「クライマックス法」を使い分けることが大切です。

■アンチクライマックス法
最初に結論を言い、その後に説明をする話法
■クライマックス法
要点を最後にもってくる話法

「アンチクライマックス法」というのは、一番最初に「結論」を持ってくる構成方法です。言いづらいことを一番最初に話します。そしてその後に理由付けをしていきます。

刑事コロンボや、古畑任三郎のストーリー展開がこのタイプですね。

「クライマックス法」というのは、理由付けから入ります。そして結論を最後に持っていきます。

一般的なサスペンス映画やドラマは、だんだんと犯人が絞られていって、最後に犯人が分かる、という構成になっているので、こちらのタイプです。クライマックスに向けて、だんだんと盛り上げていく方法です。

この様に、プレゼンテーションの構成には2つの方法があります。

では、生命保険のセールスの場面でこの2つを活用するとどのようになるかを見てみましょう。

医療保険の提案をする場面で考えてみます。

「アンチクライマックス法」

今日は医療保険をご提案します。

↓

なぜかと言うと、日本の健康保険制度は素晴らしいのですが、だんだんと制度の維持が難しくなってきているのです。

↓

健康保険制度の何が素晴らしいかというと、高額療養費という制度です。

↓

この素晴らしい制度でも補えない部分を補うのが、民間の生命保険です。

といった様に、一番最初に結論を話します。

「クライマックス法」

お客様は健康保険制度について詳しいですか？

↓

日本では、ほとんどの治療費は健康保険制度で賄えるので安心です。
↓
しかし、健康保険制度では賄いきれない部分があるのをご存じですか？
↓
今日ご提案する医療保険であれば、健康保険制度では賄えない部分もフォローすることができます。

といった様に、最後に結論を話します。

ではどちらの構成が正解でしょうか？　例を見ていただいて分かるとおり、どちらも違和感はないですよね。ということで、どちらも正解です。場面〱や、お客様によってうまく使い分ける必要があります。

それでは、「アンチクライマックス法」のメリットについて考えてみましょう。

（クライマックス法に関しては、普段の会話やプレゼンテーションで普通にやっている人が多いと思うので割愛します。）

「アンチクライマックス法」のメリットは次の3つです。

①最初に結論を伝えるので、セールス側の気持ちが楽になる。
②お客様の時間を無駄にしない。
③最初に結論を伝えてから理由付けしていくので、論旨が理解されやすい。

どんな場面で使うと良いかというと、
・質問に回答する時
・答えを急ぐお客様の時
・オンライン商談の時
・電話で話す時
です。

さらに、「アンチクライマックス法」には「SDS法」と「PREP法」の2つの方法があります。
どちらも最初に結論を話して、そして理由付けをしていくことに変わりはありませんが、
「SDS法」は
Summary＝概要
Details＝詳細

Ｓｕｍｍａｒｙ＝まとめ
となり、「概要」と「まとめ」の間に「詳細」を話します。

「ＰＲＥＰ法」は
Ｐｏｉｎｔ＝主張
Ｒｅａｓｏｎ＝理由
Ｅｘａｍｐｌｅ＝具体例
Ｐｏｉｎｔ＝主張
となり、「主張」と「主張」の間に「理由」と「具体例」を話します。
こちらは、途中で「例話」を入れます。

では、この「ＳＤＳ」と「ＰＲＥＰ」はどの様に使い分けるといいのでしょうか？
形のあるもの、非常に単純なものについては、ＳＤＳ法の方が分かりやすいですし、また、短時間で伝えることができます。一方で、形のないもの、生命保険とか金融商品は、例え話で話をした方が分かりやすいため、ＰＲＥＰ法の方が伝わりやすいと言われています。

「アンチクライマックス法」と「クライマックス法」、さらに「ＳＤＳ法」と「ＰＲＥＰ法」は、その場面〳〵に応じて使い分けることで、絶大な効果を発揮します。

初めのうちは、このお客様はどちらの方法で話したらいいのだろう?と悩むこともあると思います。

初めてお会いした段階では、そのお客様にどちらが適しているのか、それは超能力者でない限り分かりません。でもそれは、商品のプレゼンテーションをするまでに分かればいいのです。

プレゼンテーションをする段階までに、**いろいろと話をする中で、どちらの方法が向いているのか探っていきましょう。**話しながら、ちょっとお客様との雰囲気が悪くなったな、と思ったら切り替えて逆の方法を試してみるのも良いでしょう。

どちらの方法が良いのかを探る、これがコミュニケーション能力です。いろいろと試しながらうまく使い分けてみましょう。

6

クロージング

28 最後は信じるしかない

セールスのプロセスが進み、お客様に、提案内容を気に入っていただいたにも関わらず、その後お客様と連絡がなかなかつかなくなってしまうのです

お客様がこちらの提案に納得されたのに、その後の連絡がなかなかとれなくなってしまう、こんな経験ありませんか？　この様なお客様には、どう対応したらいいのでしょうか。答えはこちら、「まずはお客様の気持ちを信じてみましょう！」です。

「お客様を信じてひたすら待つ」、ちょっと精神論的で、何が「行動経済学」だ、という声が聞こえてきそうですが、今回はこれを精神論としてではなく、科学的な根拠からお話したいと思います。

そこでお伝えしたいのが、「ピグマリオン効果」というものです。

■ピグマリオン効果
他者から期待を受けると、成果を出すことができる効果のこと

「ピグマリオン効果」のピグマリオンと言うのは、ギリシャ神話に出てくる彫刻家のことです。このピグマリオンという彫刻家は、実際にいる女性に失望してしまい、自分で理想の女性を作ろうと考えました。そこで理想の女性を彫刻していくわけです。

そしてその彫刻が洋服を着ていないことに、恥ずかしいという想いが出てきます。そこで洋服も彫刻します。話しかけ、一緒に食事をしているうちに、だんだんその彫刻に恋をしてしまいます。そして彫刻から離れなくなり、どんどん衰弱していきます。それを見た女神アフロディテが、ピグマリオンを可哀想と思い、その彫刻に命を吹き込みます。そして最終的に、ピグマリオンはその彫刻と結婚した、というお話です。

このように、信じているものが実現していくという状況を、「ピグマリオン効果」と呼びます。実際にこのピグマリオン効果が使われているのは、教育学の分野です。

そこで、こんな実験がありました。

Aというクラスと Bというクラスがあります。この2つのクラスに、無作為に生徒を振り分けま

す。

無作為に選んだので、生徒のＩＱはバラバラなのですが、先生にはこう伝えます。

「こちらのＡのクラスには、非常にＩＱの高い優秀な生徒を揃えました。だから必ず成績が向上します」

「一方でＢのクラスには、ＩＱの低い人たちを揃えたので、成績はなかなか向上しないかもしれません」

その後、ＡのクラスとＢのクラス、どのように成績が変化したかというと、Ａのクラスの成績の方が断然伸びたのです。

これには、２つの要因があると考えられています。

１つは、Ａのクラスの子たちはできる子達だと信じた先生が、一生懸命教えたから、そしてもう１つは生徒たちが、一生懸命教えてくれる先生に応えようとがんばったから、ということです。

ただ、どちらの生徒も無作為に選ばれた生徒たちです。これが最初の情報だけを信じることによって、結果が変わったというのは、非常に大きな発見ではないでしょうか。

この様なことをセールスにも応用していくと、この「ピグマリオン効果」、クロージングの場面で、弱い私たちの心をサポートしてくれるものになります。

冒頭で紹介したとおり、こちらの提案を気に入っていただいたにも関わらず、その後連絡がとれなくなってしまったお客様、まずは信じて待ってみましょう。このお客様は**必ず私の提案を気に入ってくれて、そしてご自身の問題に向き合い、解決に動いてくれるはずだ**と信じてみましょう。

そうすることで、前述の先生の様に、セールスの行動も変わります。

お客様を信じることができず、焦って何度もお客様と連絡を取ろうとしてしまうと、「このセールス、なんだか契約を焦らされて嫌だわ」とお客様は感じてしまうかもしれません。一方で、信じて待つことで、お客様はじっくり考える時間を与えられ、「よく考えたけど、良い提案だから契約しようかしら」となるでしょう。

お客様を「信じて待つ！」、そうすることによって、ピグマリオンのような結果を生み出していくことができるかもしれません。連絡が無いからと言ってお客様を非難しても始まりません。ピグマリオンを信じて、待ちましょう！

29

自信を持って勧める

最後の最後で、お客様がどのプランにするか決め切れない事が多いのです

生命保険をお客様に提案する際、いくつかのプランを提案して、最後にお客様に選んでもらうことが多いのではないでしょうか。そんな時、自分の意見をしっかりと持っているお客様であれば、自分に合ったプランをすぐに選んでいただけますが、多くの場合、お客様はどのプランにしたらいいか悩まれてしまいます。そんな時に効果的なのが「バンドワゴン効果」です。

■バンドワゴン効果
アメリカの経済学者ハーヴェイ・ライベンシュタイン氏が提唱
多数の人が支持している物事は、より一層支持されるようになる現象のこと

「バンドワゴン効果」とは、多くの人がやっていることに対して、それに同調していいなと思ってしまう効果のことをいいます。例えば、行列のできているラーメン屋さんを見ると、美味しそうに感じ、その列に並んでしまったりしませんか？　また、親友が太ると、自分の体重も重たくなるという研究の結果もあるそうです。この様に、人は無意識に周りの人の影響を受けてしまうのです。

そしてもう1つ、心理学者のムザファー・シェリフ氏が行った実験をご紹介します。

被験者に暗室に入ってもらい、少し離れたところに光点を置きます。光点は実際には静止しているのですが、「自動運動現象」という錯視によって、暗いところにいる人には光点が動くように見えます。

そこで、被験者を1人ずつ呼んで、「光点はどこに動きましたか？」という質問をします。光点は、実際は動いていないので、被験者の答えは図Aの様にバラバラになります。

次に、被験者たちをまとめて集めて、「光点はどこに動きま

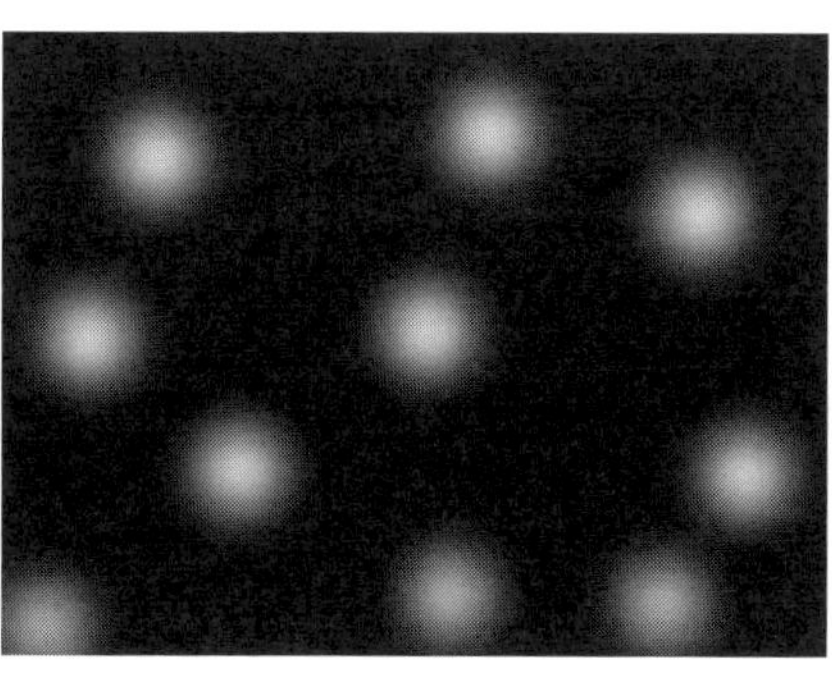

（図A）

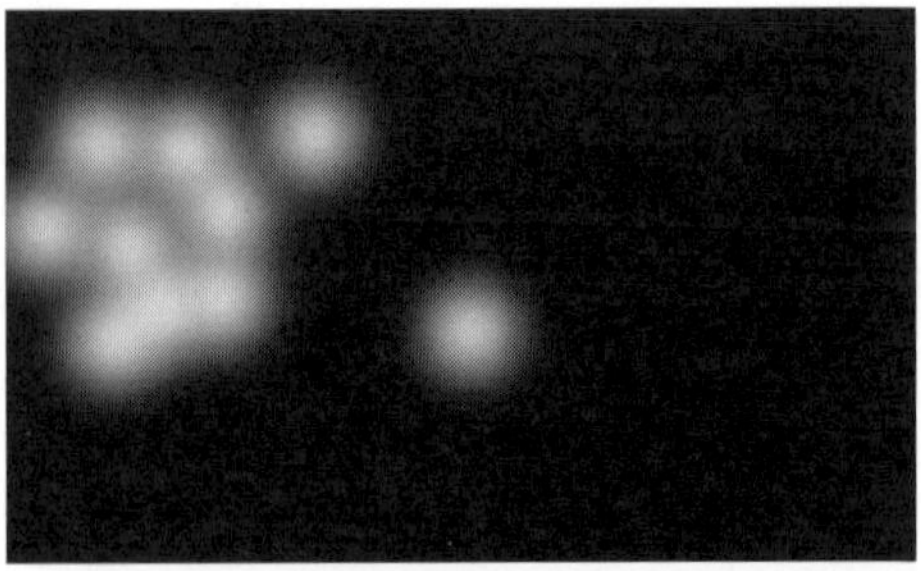

（図B）

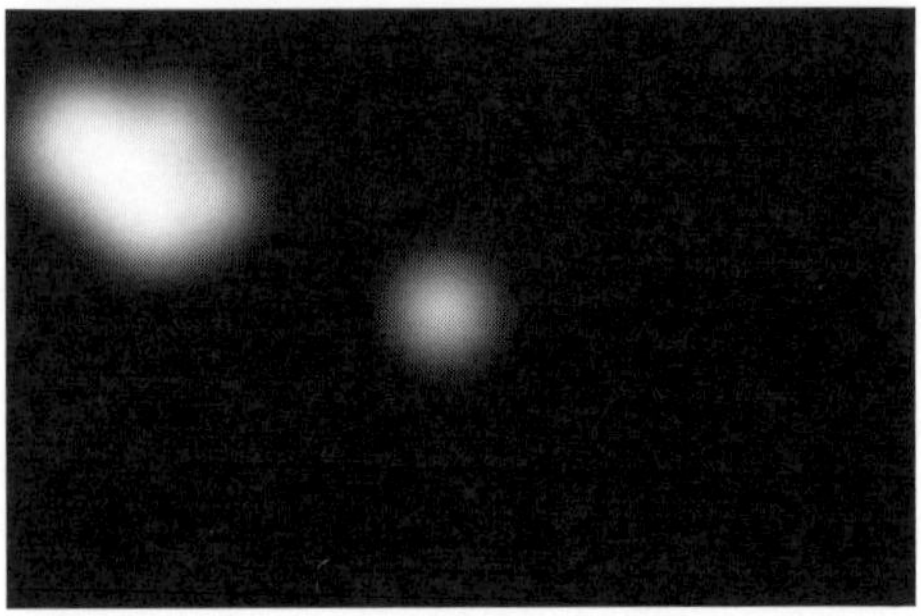

（図C）

したか？」という質問をすると、一番最初に答えた人の答えを二番目の人は聞き、二番目の人の答えを三番目の人が聞く、という様に続いていくので、一番最初に答えた人の光点の位置というのが、次の人、次の人に影響を及ぼし、そして図Bの様に、光点の位置がまとまった場所に集まるのです。

そして最後に、被験者の中にサクラを入れます。その人には自信たっぷりに「光点はここに動いた」と言ってもらいます。するとどうでしょうか。図C光点は実際には動いていないにも関わらず、1人が自信をもって、「光点はここに動いた」という発言をすると、次の人もその次の人も、確実にその光点に近いところを答えるのです。

この結果から、その事象に対して**正解・不正解がない場合は、はっきりと自信を持って意見を言**

う人のところに、他の人の意見も吸い寄せられていくということが分かります。

それではこれをセールスに応用してみましょう。

クロージングの場面において、いくつかのプランからお客様がどれにするか決めかねている時に「バンドワゴン効果」を活用するには、次の様に言ってみてください。「この3つのプランですと、多くのお客様がAというプランをお選びになります」。するとお客様は、多くの人が選んでいるプランなら良いものに違いないと、Aのプランを選ばれます。

また、光点の実験結果からは、「この3つのプランですと、Bというプランが私はいいと思います!」と自信を持ってお伝えしてみてください。セールスが自信を持ってお客様にお伝えすることで、お客様の決断の後押しとなります。

クロージングの場面で、どれにしようか、どれもいいな、と決めかねているお客様に対しては、「多くの方はこちらをお選びになっていますよ」といった様に、「バンドワゴン効果」でその方向性を示してさしあげましょう。また、自分がいいと思ったものをお客様にお勧めするのであれば、根拠をしっかりとお伝えしていただいた上で、あとはもう自信を持ってお伝えをする、そうすると光点の実験のように、お客様の決断を誘うことができます。

30

決断させる…クロージングへ移行

クロージングの場面で、なかなかお客様が決断してくださいません

クロージングの段階になってお客様に、Aのプランがいいですか？　Bのプランがいいですか？とお聞きした時に、どちらにするかなかなか決断してもらえない、そんな事ありますよね。

もしかしたら、本当に真剣に悩んでいるのかもしれません。あるいは、人間の弱い心がクッと首を出して、決定を先延ばしにしてしまっているのかもしれません。

では、これを避けるにはどうしたらいいのでしょうか。

実は、クロージングの段階ではなく、一番最初のアプローチの段階、ひいてはもっと前のお客様との最初の雑談の段階で対策を打っておく必要があります。そこで「ラベリング効果」を活用します。

■ラベリング効果

ハワード・S・ベッカー氏が提唱
人や特定の事象に対して、ラベルを貼るとその人は貼られたラベルのとおりの行動をとるようになること

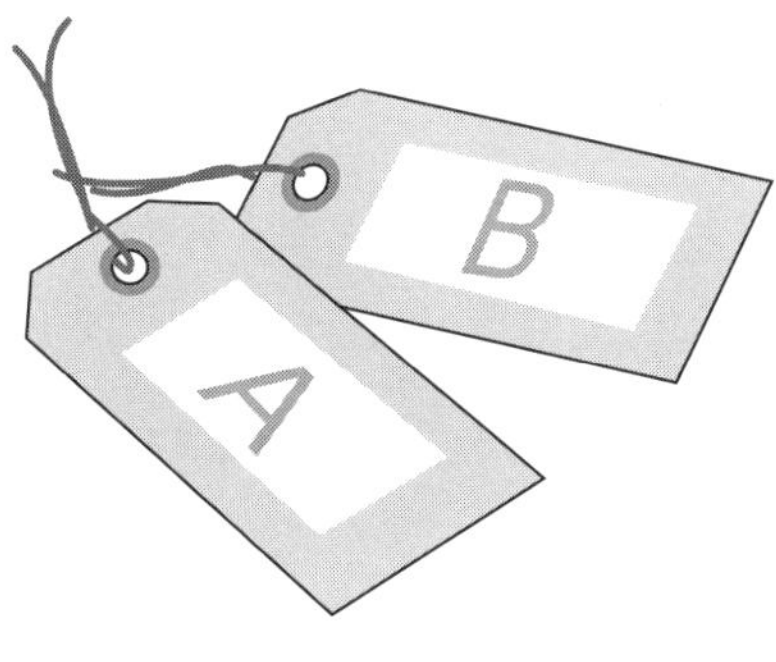

「ラベリング効果」とは、人にラベルを貼ると、それがたとえ根拠のないものであっても、人はそのとおりの行動を取る様になるというものです。

例えば、「あなたはシャイなんですね」と言われると、自分は「シャイ」なんだと自己認識してしまい、人前に出るのが苦手になってしまいます。

他にも、「○○さんはA型だから、几帳面なんですね」と言われると、自分はA型だから几帳面なんだと思い込み、几帳面な行動を取る様になったりします。

この様に人は、事前に貼られたラベルどおりに動く様になるのです。

それでは、この「ラベリング効果」をセールスに応用してみましょう。

お客様と最初にお会いして雑談をする際には、いろいろなお話をされると思います。しかしこの雑談、単なる世間話をしていても意味がありません。「ディドロ効果」のところでも解説しましたが、セールスにつなげるためには「戦略的な雑談」をする必要があります。

そこで、クロージングの段階をイメージして、お客様に「大きな決断でも即決できる人」というラベルを貼りましょう。

例えばこの様な感じです。

セ　最近何かお買い物はされましたか？
客　この前、バッグを買ったわ。
セ　どんなバッグを買ったんですか？
客　これなんだけど、一目ぼれして即決しちゃったのよ。

こんな会話が展開できたら、ここでラベルを貼ります。

セ　お客様はお買い物をされる際、即決できる方なんですね。

この様な会話を数回雑談の時にしておくと、**お客様は「すぐに決められる」「決断が早い」とい**

うラベルが貼られて、クロージングの際に早く決めてもらえる様になります。

このラベルは、「大きな決断をすぐにできる○○さん」「家族を大事にする○○さん」の様に、ポジティブなものが効果的です。そして最後、「大きな決断になりますが、今ご決断されますか?」「ご家族が喜ぶかもしれませんよ」と言った様に、ラベリングしたテーマでクロージングをかけてみましょう。そうすることで、お客様は貼られたラベルどおりの行動をとってくださるはずです。

クロージングがうまくいかないことを、クロージングの段階で悩んでいても仕方ありません。クロージングがうまくいかない時は、時すでに遅し、アプローチの段階で既に失敗をしているのです。一番最初の雑談のところで、「戦略的な雑談」をすることを頭に入れておいてください。

31 購買のサインを見つける

お客様が決断しようとしているタイミングが見抜けません

セールスの一番最後、お客様に決断していただく場面がクロージングの場面です。その際、お客様がなかなか「うん」と言ってくださらないことがあります。お客様の心の中で結論は決まっているのに、なぜか最後、「契約する」という行動に移すことができないのです。

私もセールス初心者の頃、隣に座っている上司から足をそっと蹴られて、今がお客様に最後の一押しをする場面だろうと、合図をされたことが何度もあります。セールスを始めたばかりの頃というのは、このタイミングがなかなか分からないものです。

そこで今回は、お客様がもう心の中では決断されている時に、最後の一押しをどうしていくか、ということについてです。

こちらのイラストをご覧ください。

夫婦がドアノブの付いた4枚のドアに囲まれて悩んでいます。何に悩んでいるかというと、この夫婦はこの部屋から出られなくなってしまっているのです。ドアノブの付いたドアが4枚もあるのに、なぜ出られないのでしょうか？

この夫婦は、ドアにドアノブが付いているので、引く・押すドアだと思ってドアを引いたり押したりしています。でもドアが開きません。

実はこのドア、ドアノブがついていますが、スライドドアになっています。横にスライドすれば簡単に開きます。人間というのは、その形を見て、過去の記憶の中からどういう行動をとるかというのがインプットされています。この夫婦の場合、ドアノブが付いたドアがスライドドアだとは思いつかず、ドアを開けられなかったわけです。

これを利用した理論が「アフォーダンス理論」です。

■アフォーダンス理論
アメリカの心理学者ジェームズ・ジェローム・ギブソン氏が提唱
物が持つ形や色などが、その物の扱い方を説明しているという理論のこと

「アフォーダンス理論」とは、ドアノブがあればそのドアを押したり引いたりすることや、左向きの矢印を見れば左に進むなど、その物が持つ形や色などがその物の扱い方を説明していることをいいます。「アフォーダンス」とは、「与える・提供する」という意味の「ａｆｆｏｒｄ」が語源の造語です。

また、過去の経験から脱却できずに、行動が制約されてしまうこともあります。先ほどの夫婦の様に、ドアノブを付けることによって、人の行動がある意味抑制されてしまいます。このドアノブの例はネガティブな方に抑制をしていますが、物によってはポジティブな方向に相手を誘導することもできます。

そしてもう1つ、感情について考えてみたいと思います。

皆さんは映画を観て泣いたことはありますか？　私は涙もろいので映画を観てすぐに泣いてしまうのですが、この時に2つの考え方があります。

悲しいから涙が出るという考え方と、涙が出ているから自分は悲しいと思う、という考え方です。

後者の方、すなわち涙が出ているから悲しいと思うということを提唱したのが、ジェームズ・ランゲという人です。ジェームズ・ランゲは、行動が先で感情が後にくるという説を唱えました。すなわち、行動を促すことによって、後から感情がついてくるということです。

私がセミナーを開催する際は、セミナーの始めにできるだけ受講者の方々に、拍手をしてもらったり、笑顔を作ってもらったりと、強制的に体を楽しくしていただくようなワークをしています。そうすると、つまんないなと思っている方も、体を動かしているうちに、ポジティブな身体の動きによって、心も楽しくなってくるのです。これが、ジェームズ・ランゲ氏が唱える、行動が先で感情が後にくる、ということです。

それではこの2つの理論をセールスに応用してみましょう。

クロージングの際、お客様は心では決まっていてもなかなか決断できないことがあります。心は決まっているのに、体が動かないのです。そこで、行動を促すことを考えます。

お客様が心ではもう決めていると思ったら、ボールペンを取り出してお客様に差し出してみてください。これがお客様の行動を促す行動です。

ボールペンを差し出された場合、お客様はボールペンを受け取ります。ボールペンは字を書くものですから、ボールペンを受け取ることで、「書く」という行動が誘発されます。ボールペンを差し出された時に、受け取らないとしたら受け取らない理由が必要ですし、一度受け取ってしまったら今度はボールペンを置く理由も必要になります。もし心が決まっているならば、そこで契約に動いていくわけです。

ですから、お客様の「決断」という行動を誘発するために、思い切ってボールペンを差し出す、これがクロージングのときに非常に有効です。

注意したいのが、この理屈を理解しないで、お客様にクロージングをかける時はすぐにボールペンを差し出すといいよ、という人がいます。しかし、このボールペンを差し出すという行為は、お客様の気持ちが決まっていない時に行っても、そのボールペンを押し返されてしまうだけです。お客様の心が決まっている、確実なところでボールペンを差し出すということをしてみてください。そうすることで、お客様の決断を後押しすることができます。

32 行動までコントロールできる

上司に契約の時は良いボールペンを使う様に言われました。１００円のボールペンではダメですか？

セールスの一番最後のクロージングのところ、お客様にご契約をいただく際には、比較的良いボールペンを使った方がいいと言われます。そこで、良いボールペンを使うことに何か根拠があるのか、「文脈効果」についてです。

■文脈効果
１９９５年　アメリカの心理学者ジェローム・ブルーナー氏が「Journal of General Psychology」で提唱

数字・文字に関する知覚が、前後の情報によって変わる効果のこと

「文脈効果」とは、前後の文脈によって商品の見え方、そして顧客体験が変わるというものです。ジェローム・ブルーナー氏は次の様な実験を行いました。

被験者を3つのグループに分け、先行刺激となる文字を瞬間的に見せてから、「書き崩した『B』」を見てもらいました。先行刺激となる文字として、グループ1には「L、M、Y、A」というアルファベットのみを、グループ2には「16、17、10、12」という数字のみを、グループ3には「M、10、16、Y」とアルファベットと数字が混ざったものを見せました。その後、書き崩した『B』を見せたところ、グループ1の人たちは書き崩した『B』を見て「B」と答えた人が多かったのに対し、グループ2は「13」と答えた人が多かったのです。この結果から、前後にある文脈や状況によって、同じものを見ても見え方が異なることが実証されました。

これは私たちが普段の生活においても経験しています。いくつか例を挙げてみます。

「のり取って」

食卓で「のり取って」と言われれば、食べる「海苔」をとりますが、何かを貼ろうとしている人から「のり取って」と言われたら、文房具の「のり」を取ります。

「コンビニコーヒー」と「バリスタが淹れたコーヒー」

コンビニコーヒーは1杯100円程度で購入できますが、バリスタが淹れたコーヒーは1杯500円ぐらいすることもあります。どちらも豆を挽いて淹れるコーヒーということに変わりはないのですが、バリスタが淹れたコーヒーとなると商品価値が高くなる様に感じます。

「紙皿」と「高級な皿」

同じケーキを紙皿に乗せて出した時と、高級な皿に乗せて出した時に、高級な皿に乗っているケーキの方が美味しそうに感じます。

「シュークリーム」と「北海道産のバターをふんだんに使ったシュークリーム」

単にシュークリームというよりも、北海道産のバターをふんだんに使ったシュークリームですとお伝えした方が、その産地である北海道が引き立ち、北海道産のものであれば美味しいだろうと感じます。

このように、その文脈によって私たちが感じるその商品のサービスや価値というものは変わってくるのです。

それではこれをセールスに応用してみましょう。

クロージングの際、契約書にサインをしていただく際には、お客様に良いボールペンを差し出してそのボールペンを使っていただくことで、契約をする時の重みや、高額な契約をするという体験をお客様に実感していただくことができます。

契約時の**ボールペンの重さや質感が、紙にサインするという行動を「貴重な体験」に変える**ということです。

私たちがお客様に提供しているのは、商品とサービス、そして貴重な「顧客体験」です。良いボールペンの重さ、これが顧客体験にも大きく影響を与えます。ご契約いただいてから数年経つと、お客様は保険の内容はあまり覚えていらっしゃいません。しかし、「なんか重いボールペンでサインしましたよね」、という体験はいつまでも覚えていらっしゃるものです。ですから、100円で購入したボールペンや、粗品でもらったボールペンを使うのではなく、契約に見合った良いボールペンを使うようにしましょう。

ちなみに、私は保険の営業をしていた時に上司から、Ｗａｔｅｒｍａｎのボールペンを使ったらいいんじゃないかとお勧めをされました。Ｗａｔｅｒｍａｎという会社は、もともと保険の営業マンが独立して作ったボールペンの会社だそうです。なぜその会社を作ったかというと、その営業マンが、法人の高額な契約をするときに、ボールペンが液漏れをしてしまい、液漏れをしてしまったがために、その高額契約をフイにしてしまったという経験から、液漏れがしないボールペンを作りたいと思ったからだそうです。

この様なエピソードも、併せてお話できるとお客様の記憶にその時の記憶がいつまでも残るかもしれませんね。

33

顧客満足はメで決まる

お客様のご要望を受け入れたにも関わらず、お客様に満足してもらえていない気がします

セールスのプロセスが進んでいくに当たって、お客様から様々なご要望を受けることがあります。例えば、「もう1回説明に来てください」とか、「保険料をもう少し安くしたい」とか、「プラスアルファのサービスをつけてほしい」など、様々なご要望です。こういったご要望をがんばって叶えたとしても、お客様が満足そうにしていない時がありませんか？　それは「勝者の呪縛」というものが関係します。

■勝者の呪縛
米国の心理学者マックス・H・ベイザーマン氏が提唱
相手に要求を飲ませたのに、なぜか不満感が残ってしまう心理のこと

「勝者の呪縛」とは、皆さんが消費者の立場の時に、お店の人に要望を出してそれをOKしてもらったにも関わらず、なんとなくモヤモヤ感が残ったことはありませんか?

例えば、家電量販店に行って冷蔵庫を購入しようとしました。欲しい冷蔵庫が20万円で販売されていたので、もう少し安くなるといいなと思い、店員さんに19万円にしてもらえませんか? とお願いします。するとその店員さんが、「19万円ですね、いいですよ!」と即答したとしたら、どんな気持ちになりますか? 希望どおり19万円にしてもらえてあなたは勝ったのです。本来であれば嬉しいはずなのに、なんだかモヤモヤしませんか? なんでモヤモヤするのかというと、19万円にすることに店員さんが即答したということは、もしかして18万円になったんじゃないかな?とか、本来19万円で売ろうとしているものを20万円で売り出していたんじゃないかな?とか、そんなことを思うわけです。

ですから、本当は値下げ交渉に勝利して嬉しいはずなのに、その呪縛にとらわれて不満が勝ってしまいます。

これ、セールスの側からすると損なことだと思いませんか？　お客様のご要望どおりに1万円値下げしたにも関わらず、お客様は不満に思っているわけです。これは避けたいですよね。

したがって、私たちはお客様から何か要求をされたら、本来はすぐにOKできたとしても一度断ってみたり、交渉してみるということがテクニックとして必要です。

そしてもう1つ、人の印象はいつが一番残るのか、「終末効果」について考えてみましょう。

■終末効果
人の印象は、最後に強く残るという効果のこと

「終末効果」とは、人の印象は最後が強く残るということです。例えば、セールスの途中でミスをしたとしても、実は1年後、2年後、お客様はその途中のミスは覚えていません。お客様の記憶に強く残るのは、一番最後、終末の記憶です。そこで「勝者の呪縛」と「終末効果」を合わせることで、次のことが言えます。

契約の一番最後の段階で気持ちよく「お客様に勝ってもらう！」

最後の記憶のところで、何か安くしてくれたんだけど不満だ、という気持ちを残してしまっては損ですよね。そうではなくて、同じ様に安くするとしても、お客様に本当に満足してもらうためには、すぐに安くするのではなくて、「ちょっと待ってください、店長に相談してきます」と言ったり、「本当は5、000円しか値下げできないのですが、雨の中せっかくお越しいただいたので特別に1万円値下げします」といったように、少し間をおいて、そして苦しい決断の中1万円下げました、という演出が重要です。そうすることで、最後の段階で気持ちよくお客様に勝ってもらえ、そして買ってもらうことができます。

これをセールスに応用してみましょう。

最後の記憶が大切ということで、クロージングの際の対応がとても重要です。「もう少し保険料が安いものがいいんだけど」と言われたら、たとえ代替案をすぐに用意できたとしても、「これがお客様にとって最適なプランなのですが、それではもう1回だけ持ち帰って検討してきます」とお伝えしたり、「夫にも○○さんから直接説明してほしいんだけど」と言われたら、たとえスケジュールがガラ空きだったとしても、「ちょっと日程が立て込んでいるのですが、なんとか来週の火曜日でしたらお時間がとれます」と忙しいフリをしてみたり、そんな演出をしてみてください。

こういった演出によってお客様は、自分の要望が簡単に満たされるものではない中で、**セールスの人が要望をがんばって呑んでくれたと思い、気分が良くなります。**

ちょっとした交渉でも、即答や快諾は避けてください。クロージングでお客様の満足度を高めることができたら、その記憶は良い記憶としてずっとお客様に残り続けます。そうすることで、また次のセールスにつなげることもできます。お客様の満足度を高めるには、終わり良ければ全て良しなのです。

34

ケチなお客様

お財布の紐が固いお客様に、うまく販売することができません

いろいろなお客様とお会いする中で、中にはお財布の紐が固いお客様にもお会いしますよね。カーネギーメロン大学の調査で、消費に対する意識は次のとおりとなっています。

浪費家15％
消費行動に葛藤が無い61％
ケチ24％

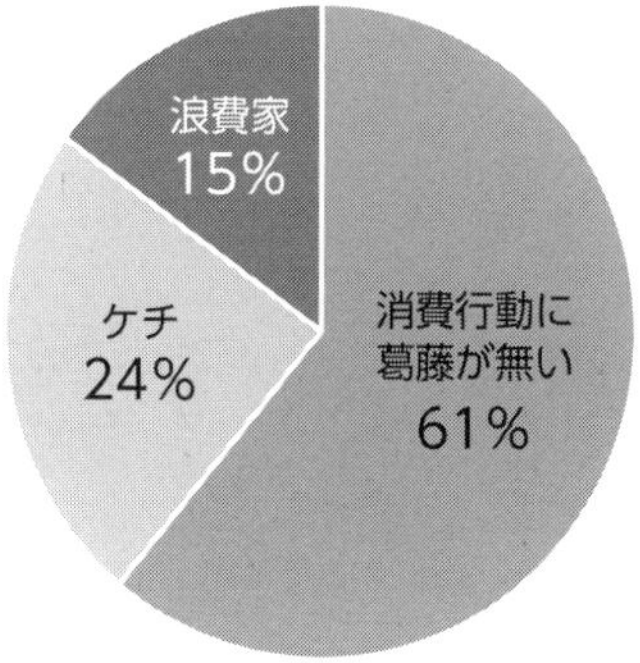

この結果から、私たちがご提案をしているお客様の４人に１

人は、お財布の紐が固い人ということになります。そこで、世の中の4人に1人いる「吝嗇家」の人にどうやってセールスをしていくか、また、「吝嗇家」の人への効果的な伝え方はないのかということで、「吝嗇話法」というものを考えました。

■吝嗇話法

お財布の紐が固い「吝嗇家」の人に効果的な話法

①回払いを推す
②無料を連呼する
③「わずか」マジック

「吝嗇話法」というのは、世の中の4人に1人いると言われるお財布の紐が固い人、「吝嗇家」の人に対して効果的な話法で、次の3つがあります。

①　回払いを推す

痛みを伴う回数を減らして伝えます。何度も何度も出費するということになると、お客様は何度も何度も痛みを伴います。そこで、3回払いや、10回払いといった様に、**回数でお伝えすることによって、痛みを少なく感じていただく**効果があります。

②　無料を連呼する

吝嗇家の方には、快楽よりも実利を優先した方が効果があります。「無料」というのは、誰にとっても非常に実利のある伝え方ですが、吝嗇家の人には、**感情よりも実利で伝えた方がより伝わりやすい**と言われています。そのため、「お得ですよ」というよりも「無料です」とお伝えした方が効果があります。

③　「わずか」マジック

DVDレンタルにおいて、「毎月5ドル」というよりも、「毎月わずか5ドル」とお伝えすることで、反応が2割上がった、という調査結果が出ています。**「わずか」というたった3文字で反応が良くなる**ため、ぜひ添えてみてください。

それではこれをセールスに応用してみましょう。

① 回払いを推す

保険料は毎月支払うこともできますが、1年に1回、年払いで支払うこともできます。客嗇家の人には、年払いを提案してみましょう。3年払いだったら3回払い、10年払いだったら10回払いと言い換えることもできます。そうすることで、トータルで支払う保険料が変わらなかったとしても、3年間でトータル36回支払っていただきます、というよりも3回支払っていただきます、という方が痛みを最小限に止めることができます。

② 無料を連呼する

特約のAとBは無料、Cは保険料の10%が上乗せされるとします。その場合、特約のCは保険料の10分の1が上乗せになります。一方で、Aという特約は○○という機能がついていながらも「無料」、Bという特約は△△という機能がついていながらも「無料」です!といった様に、「無料」という言葉を連呼することで、お客様に響きが良く伝わります。無料で付けられる特約はたくさんあると思います。無料だからわざわざ説明する必要はないと考えるのではなく、「無料」だからこそしっかりお伝えしましょう。

③「わずか」マジック

「わずか」という単語は、魔法の様な単語です。お客様に万一のことがあった際は奥様に2、000万円の死亡保険金が支払われますが、そのための保険料は「毎月1万円です」とお伝えするのと、「毎月わずか1万円です」とお伝えするのでは、お客様が受ける印象が大きく異なることが分かるかと思います。たった3文字のこの「わずか」という言葉、必ずつけてみてください。

世の中の4人に1人はお財布の紐が固い人です。その人たちに対して、「回払いを推す」「無料を連呼する」「わずかという言葉を使う」、たったこれだけでお財布の紐を緩めてもらうことができます。世の中の約25%の人はもういいやと切り捨ててしまうのではなく、そういった人にもお客様になっていただく努力をしてみてください。

35 保険ジプシーを救う

クロージングの段階で、お客様がなかなか首を縦に振ってくれません

アプローチからニーズ確認、プレゼンテーションと行って、やっとクロージングの段階にたどり着きました。ここまで何度も何度もお客様のところへ足を運び、お客様からいろいろな話を聞き、その結果、お客様に最適な保険をご提案しています。お客様も、こちらが提案している保険の内容には納得しています。なのに、最後なかなか首を縦に振ってくれません。こんな経験、皆さんもあるのではないでしょうか。

あるブログにこんな記事がありました。

『保険ジプシー』

今、保険の見直しをしていて、ネットでいろいろ調べています。

調べれば調べるほど分からなくなってます。
「理想の保険」って何ですか？
『その人がいいと思うものが理想の保険』って……
恋人探しと同じ様なこと言われてるんですけど……
結局、「理想の保険」ってどういうものですか？

お客様からすると、「理想の保険」への加入は、理想の相手を見つけるぐらい難しいことなのです。こんな保険ジプシーの方に、どうやってクロージングをかけて、どうやって首を縦に振ってもらうか、今回は「マッチングリスク回避法」についてです。

■マッチングリスク回避法

なかなか決断ができないお客様に対して、お客様の不安をあらかじめ予測し、それに対処できる方法を伝える方法のこと

「マッチングリスク回避法」とは、お客様が決断できない理由を探り、その決断できない理由への対処方法を事前にお伝えする方法です。「生命保険」というものは、不測の事態が起こった際にしかありがたみを感じられない商品です。早くに亡くなるのか、長生きするのか、病気になるのか、ならないのか、介護状態になるのか、ならないのか、相続で家族がもめるのか、もめないのか、これはその時になってみないと誰にも分かりません。ということは、ベストな「保険」を探してもその答えは出ないのです。

そして、その答えを探しているうちに不測の事態が起こってしまう、ということは多々あります。ですので、「生命保険」へ加入するタイミングは、早ければ早いほどいいのです。しかし、お客様は保険ジプシーになってしまいます。そしてこの保険ジプシーになったお客様の顚末は次のとおりです。

セールスから提案された保険の内容に納得はしました。しかし、他にももっといい内容の保険があるかもしれない、同じ内容ならネットでもっと保険料が安いものが見つかるかもしれない。セールスの人には、ちょっと探してみてから返事をしようと考えます。

しかし、毎日仕事に追われ、休日は家族や友人と外出。なかなか「もっといい保険」を探す時間がとれません。そんな日々を過ごしていたところ、病気にかかってしまい、保険金が受け取れないばかりか、それ以降「保険」に加入する事すら難しくなってしまいました。

お客様が保険の加入を決断できない理由、それは、他にももっといい内容の保険があるかもしれない、もしくはもっと保険料の安い保険があるかもしれない、こう考えているからです。しかし、保険事故はいつ起こるか分かりません。それであれば、**とりあえずその生命保険に加入してみて、さらにいい生命保険が見つかったらそちらに乗り換える方法**があることをお伝えしてみましょう。

そこでこれをセールスに応用してみましょう。

保険ジプシーのお客様に対しては、クロージングの段階で「クーリング・オフ」や「減額」「払済み」の説明をすることが効果的です。

今ここでご契約いただいても、家に帰ってネットで調べてみたらもっといい保険を見つけた、ということであれば、「クーリング・オフ」という制度が使えます。8日以内であれば、契約を取り消すことができるのです、と説明してみましょう。もっと保険料が安い保険があるのではないかと気にしているお客様は、これから先ずっとこの保険料を支払っていけるのかを気にされています。そこで、もしこの先この保険料が支払えなくなった場合には、「減額」をして保険料を少なくしたり、「払済み」にして保険を解約することなく保険料の支払いをストップすることができます、といった様に説明してみましょう。

この様なお話をすることでお客様は、今ここで決断をして後から後悔するようなことがあっても、それに対処する方法があるから安心だと、納得して契約することができます。

お客様は、自分のとった行動を後から後悔したくないので、「最適な生命保険」を探し求めます。しかし、「最適な生命保険」というものにはなかなか出会えず、保険ジプシーになってしまいます。それであれば、後日心配事が的中しても回避できる方法をお伝えしましょう。そうすることによって、決断のためのハードルを下げることができれば、納得して首を縦に振ってくださるはずです。

36 暗示をかける

どうすればクロージングの段階で、断られなくなりますか？

アプローチからクロージングまでのセールスプロセスにおいて、どこで失敗するのが一番辛いかというと、クロージングのところではないでしょうか。ここまで全力を尽くしてクロージングまで来たのに、そしてクロージングに来るまで結構な時間がかかっているのに、そのクロージングの段階で断られるというのは、非常に辛いことです。

そこでどうすれば、クロージングで断られにくくなるのか、これはほぼテクニックに他なりません。それが「誤前提暗示（ごぜんていあんじ）」です。

■誤前提暗示
二者択一の選択肢を与えることで、物事を判断しやすい心理状態を作るテクニックのこと

「誤前提暗示」とは、悩んでしまってなかなか決められないお客様に対して、二者択一の問いかけをすることでどちらかを選んでもらい、「ＹＥＳ」と言ってもらいやすくするテクニックです。

クロージングの際に、セールスがどんなに良い話をしたとしても、お客様は悩まれることがあります。「ご契約されますか？」と決断を促しても、なかなか「ＹＥＳ」とは言ってもらえないことも多々あります。

セールスの仕事というのは、お客様に課題を突き付けて悩ませることではありません。その解決策を示して、お客様に頭が良くなってもらうことでもありません。**お客様にご決断いただくこと、お客様の行動変容を起こすことがセールスの仕事**です。

しかし、「このプランでいかがですか？」とお客様に決断を促した時、お客様の頭の中には２つの映像が浮かびます。

１つは、これがベストプランだと思っている映像、そしてもう1つは、この保険料をこれから先

ずっと支払っていけるだろうか、何かを犠牲にしなければ支払っていけないのではないだろうか、という映像です。そうなると、保険料を支払っていくためには、今やっている楽しいことを我慢しなきゃいけないなと思い、なかなか決断に至らないわけです。

そしてお客様はセールスに向かってこう言います。「前向きに検討してみます」「家に帰って家族に聞いてみます」「家に帰って他のパンフレットと比較してみます」。一見前向きな回答をもらえるのですが、それ以降ご連絡はいただけません。

このお客様の回答、家に帰って本当にそのような行動をとっているのでしょうか。恐らく、家に帰るとスマホを触り、ＹｏｕＴｕｂｅを見て、そしてゲームをしてしまい、ご家族に相談したり、他の商品と比較検討したりという行動はとらないのではないでしょうか。

その結果、まだ保険に加入していないのに保険事故が起こり、お客様を保険で守ることができなかったり、その後保険に加入できなくなってしまったりします。また、そもそもお互いに時間をとって課題を明確にしたにもかかわらず、その課題が解決できないというのは、お客様にとってもセールスパーソンにとっても、非常に大きな時間のロスにつながります。

そこで、スマートにご決断いただく方法として「誤前提暗示」を使ってみましょう。

「誤前提暗示」では、分かりやすい二者択一を提示することで、他の議論を持ち込まず、お客様にそのどちらかを選んでもらいやすくします。

これを政治で活用した人がいました。小泉純一郎元総理です。

小泉純一郎元総理は、郵政の民営化について、「郵政3事業を民営化するのか」それとも「これは公務員しかできない仕事なのか」、という二者択一を用意し、国民に問いました。

非常にシンプルな問いかけだったため、我々は郵政民営化するか、しないかという、どちらかの選択をすればよかったわけです。

他にも、元大阪府知事の橋本徹氏もこの「誤前提暗示」を使って選挙演説をしています。

大阪都構想について、「いまのまんまでいいのか？」「このまま衰退する大阪のまんまでいいのか？」と大阪府民に問いました。

こちらも、非常にシンプルな問いかけで、大阪府民に選択を迫ったわけです。

これをセールスに応用してみましょう。

「家に帰って考える」「家族と検討してみる」、とおっしゃるお客様に対して、次の様に問いかけてみましょう。

セ 今の段階で、お客様はこのプランを気に入っていただいていますか？　それとも、あまりお気に召しませんか？

決してただ単に、「いかがですか？」と聞いてはいけません。

この問いかけをすることで、**お客様自身はこの提案が気に入っているのか、そうでないのかをはっきりさせる**ことができます。

そしてここで、お客様がこの保険を気に入ってくださっているという言質が取れたら、次のステップに進めていきます。

セ 仮にこのプランでご契約するとしたら、保険金受取人は奥様ですか？ お子様ですか？

と、プランの内容を詰めていきます。

この様に、まずは今のご提案を気に入ってもらっているのかを確認し、気に入ってもらえているのであれば、プランの内容を二者択一で詰めていく、この様な流れで進めていくことで、クロージングの段階でお断りをされる可能性を低くすることができます。

クロージングの場面は、これまでの努力を実らせる大切な場面です。「いかがですか？」とお客様がどうとでも回答できる問いかけをするのではなく、二者択一のシンプルな問いかけをすることで、選択肢が明確になって、的確な回答を得ることができます。お客様は本当に悩んでいるのではありません。決断するための「後押し」が欲しいのです。お客様が決断しやすい環境を作り、決断への前進を促していきましょう。

37 正しい殺し文句

クロージングの場面で、お客様の決断をうまく後押しできません

クロージングの場面では、お客様が決断するのを待つのではなく、お客様の決断をセールスが後押しすることが大切です。そのためには、「殺し文句」、「キラーフレーズ」を使用するのが効果的です。それではこの「キラーフレーズ」とは、一体どういったものなのでしょうか。そこで今回は「Wキラー話法」についてです。

■Wキラー話法
それぞれのお客様に合った「個別のキラーフレーズ」を言った後で、誰にでも使える「万能のキラーフレーズ」を言うこと

「Wキラー話法」とは、クロージングの場面で、それぞれのお客様に合った「個別のキラーフレーズ」を言い、その後、誰にでも使える「万能のキラーフレーズ」を言うことです。商品を提案する際は、その商品を契約することで得られる結果とともに、その結果をメリットにして話すことが大切です。要するに、お金を増やすことを目的にする商品であれば、「10年後にお金が20％増えます」と言うだけでなく、「その20％増えたお金でこんなことができます！」と言った、「お金を増やした後のメリット」をお伝えしなくてはお客様の決断の後押しはできません。

それではまずは、「個別のキラーフレーズ」について考えてみましょう。

例えば、老後の資金を積み立てるための金融商品をご提案する場合、「今からコツコツと老後の資金を積み立てていくことで、老後にはその積み立てた資金で、ポルシェの車を買うことができますよ！」というキラーフレーズはどうでしょうか。車が好きな人には魅力的なキラーフレーズかもしれません。しかし、別に車に興味が無い人にとっては、「それで？」となってしまい、決断の後押しにはなりません。

この様に、「個別のキラーフレーズ」というのは、お客様それぞれに合った内容にする必要があります。

それでは、この「個別のキラーフレーズ」はどうやって決めたらいいのでしょうか？　それは

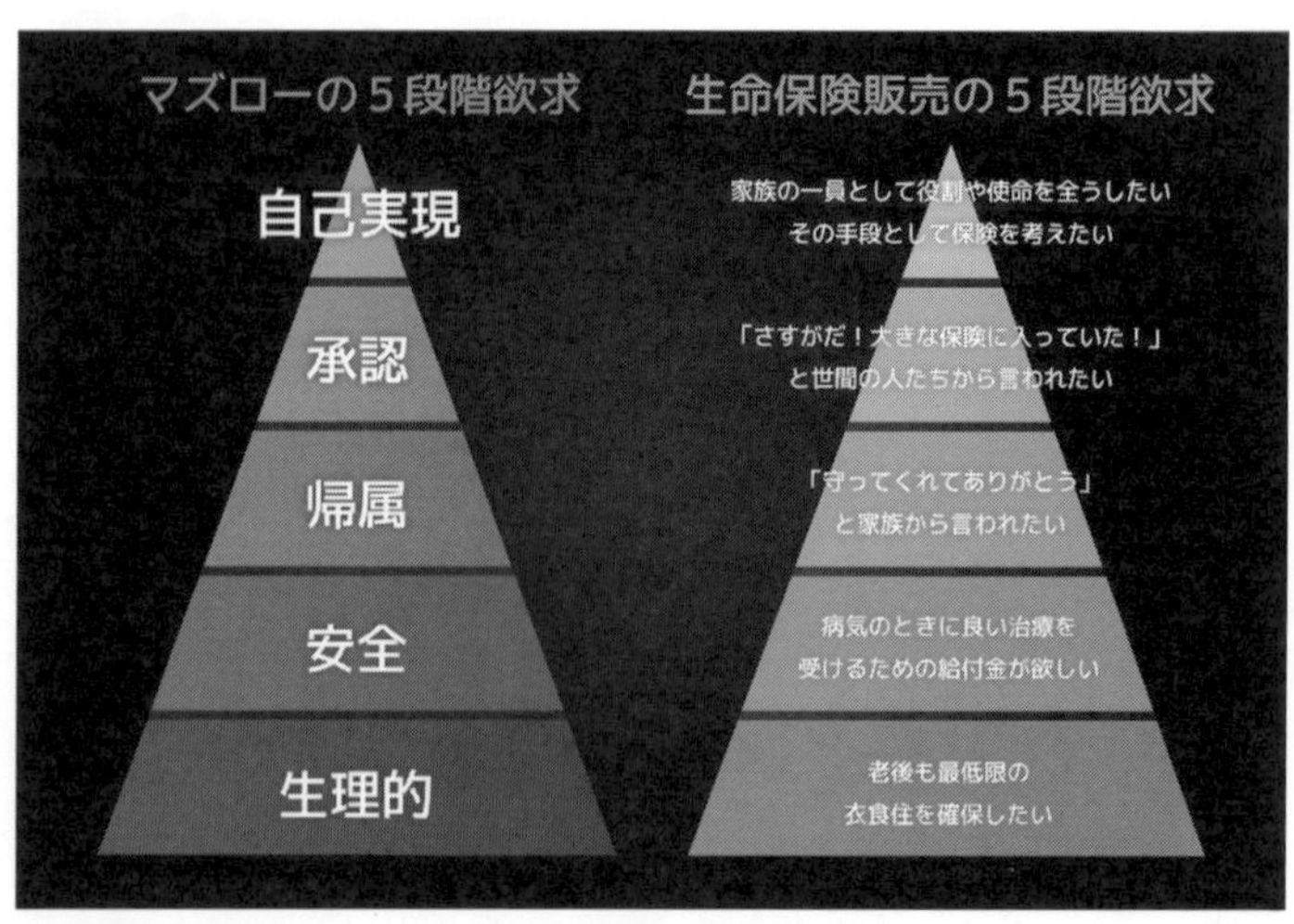

で解説した「マズローの5段階欲求」と関係します。「マズローの5段階欲求」では、お客様の欲求が一番強いところに焦点を当ててセールスをしましょうとお話しました。そこでキラーフレーズも、その欲求が一番強いところに焦点を当てたものにします。

そこで、「マズローの5段階欲求」に則って、老後の資金を貯める理由の例を次に5つ挙げてみました。

この老後資金があれば…

「自己実現欲求」が強いお客様に対して

「ずっとやりたいとおっしゃっていた、エベレストへ登るチャレンジができますね」

「承認欲求」が強いお客様に対して

「奥様から、「あなたさすがね」と喜んでもらえますよ」

「帰属欲求」が強いお客様に対して

「記念日にはご家族と旅行をして、ご家族みんなの笑顔を見ることができますね」

「安全欲求」が強いお客様に対して

「お金に余裕ができて、万一の際には希望する治療が受けられますよ」

「生理的欲求」が強いお客様に対して

「住宅ローンを完済できるので、寝る場所に困ることはなくなりますね」

この様に、それぞれの**お客様の一番欲求が強いところに焦点を当てて、そこに的を射たメリットをお伝えする**ことで、「個別のキラーフレーズ」が完成します。ニーズ確認の場面で、お客様の欲求の一番強いところを汲み取っておけば、クロージングの場面でも簡単に「個別のキラーフレーズ」を生み出すことができるのです。

それでは次に「万能のキラーフレーズ」についてです。

「個別のキラーフレーズ」をお伝えした後、最後「万能のキラーフレーズ」で締めましょう。では、「万能のキラーフレーズ」、これはいったいどういったものなのでしょうか。

アメリカのある研究において、こんな結果が出ました。

自動車整備会社の広告において、様々な広告を打ったところ、「お任せください」や「信頼してください」といったフレーズを使った広告が、一番お客様の信頼を勝ち得、信頼が33％も上がりました。

ということで、「個別のキラーフレーズ」に続けて、**「私にお任せください！」とか、「私を信頼してください！」といった言葉を付け足す**と、よりお客様の決断の後押しをすることができます。

クロージングの際には、それぞれのお客様に合った「個別のキラーフレーズ」を使い、それに加えて「万能のキラーフレーズ」を使う事で、お客様の決断の後押しをすることができます。しかしそのためには、ニーズ確認の場面で、お客様の欲求について、どの欲求が一番強いのかを把握しておく必要があります。ニーズ確認の段階から、クロージングの場面を念頭において、お客様とお話をしていきましょう。

38

契約後の不安を取り除く

契約後にクーリング・オフされてしまいました。お客様も納得されて契約したのに、何がいけなかったのか分かりません

アプローチから長い時間をかけて、ついに契約書にサインをしていただくことができました。そうすると、そこで油断してしまう人が多くいます。そして油断した結果、お客様からクーリング・オフをされてしまう、こんな経験ないでしょうか？

クーリング・オフされてしまうと、これまでかけてきたお客様と自分の時間、両方が無駄になってしまいます。さらに、せっかくお客様に準備した保障が無くなってしまうわけです。

それでは、なぜクーリング・オフされてしまうのかを考えてみましょう。中には、セールスの勧誘がしつこくて、嫌々契約書にサインをしたけれど、やっぱりこの保険に加入するのは止めたい、そんなお客様もいらっしゃるかもしれません。しかし多くの場合は、違う理由からクーリング・オ

フをされます。納得して契約書にサインしたにもかかわらず、クーリング・オフをしてしまうのです。

そもそもクーリング・オフというのは、お客様を守るための制度です。契約書にサインをしてから、決められた期限内であれば、書面によって契約を取り消すことができます。この権利は尊重しなくてはいけません。

しかし、クーリング・オフされるというのは、セールスにとって辛い事ですよね。なぜこういったことが起こるのか、それは「バイヤーズリモース」が働いたために起こります。

■バイヤーズリモース
高額の買い物をした後で、モヤモヤと抱く後悔の感情のこと

「バイヤーズリモース」とは、高額の買い物をした後で、満足して買ったはずなのに、自分の行動が正しかったのか不安に思い、買ったことを後悔してしまう感情のことをいいます。

この「バイヤーズリモース」というのは、商品やサービスの品質とは無関係に起こると言われています。買った後で、粗悪品だということに気が付いて後悔する、ということではなく、良い商品

だった時にも起こるのです。

また、高額な商品やサービスほど、購入直後から起こります。1,000円の指輪を購入して、そのことを後悔することってあまり無いですよね。でも、10万円の指輪を購入すると、本当にこの指輪に10万円も出してよかったんだろうか、と思うことはあるのではないでしょうか。

さらに、商品やサービスを購入するまでに難しい局面があった場合にも起こります。悩んで悩んで悩んだ末に購入したものに限って、購入した後に思い返してみて、本当にあの時の決断は正しかったのだろうか、とまた悩んでしまうこと、ありますよね。

この3つを聞いて、思うことはありませんか?　そうです。生命保険はこの3つ全てに当てはまるのです。

また、周りの人の言葉に惑わされることもあります。家や職場で、「毎月3万円の保険料を支払う保険の契約をした」と家族や友人に話すと、「えっ、毎月の保険料3万円もするの?」と言われることもあります。また、本当に自分の行動が正しかったのか気になりYouTubeを見ると、「医療保険は必要ない!」とユーチューバーが言っていたりします。この様に、周りに意見を求めれば求めるほど、いろいろな負の情報が入ってきます。

「私、毎月3万円貯蓄してるんだ」と言った時に、「えっ、3万円も貯蓄しちゃってるの?」と意見を言う人、いませんよね。でも、保険料が3万円だと、「えっ、高くない?」と言われます。しかしその保険は貯蓄型の保険かもしれません。3万円の保険料が高いという人は、保険料は安ければいいと思っている素人の人かもしれません。

「医療保険は必要ない！」というユーチューバー、実際に医療保険に助けられた人の話を聞いたうえでの発言でしょうか？　もしかしたら、否定的な事を言って、アクセス数を稼ぎたいだけなのかもしれません。

しかし、購入した後であの時の決断は正しかったのだろうか、とモヤモヤしている人にとって、こういった周りの人の言葉は影響を与えます。そして、やはり購入しなければよかった、とか、あのセールスの人が言ってた事は嘘だったんじゃないかとか、そういう思考になりクーリング・オフをしてしまいます。

これが「バイヤーズリモース」です。

つまり、「バイヤーズリモース」というのはお客様の中に、一定数発生します。それは人間の心理として仕方のないものです。しかしこの「バイヤーズリモース」、回避する方法が3つあります。生命保険のセールスに応用しながら、順を追ってみていきましょう。

①　商品のメリットを話してもらう

契約書にサインをしていただいたら、「今回のこのプラン、どこを気に入っていただきましたか？」と聞いてみましょう。お客様が契約した理由を述べるためには、自分でそのプランの良さを理解していなくてはいけません。また、それを自分の口から発することで、自己説得効果も生まれます。

さらに、お客様が気に入ったポイントを理解することで、次の契約に向けて戦略を立てやすくなります。

② 契約した商品やサービスを称賛する

「いいプランに加入されましたね。お客様にぴったりのプランだと思います」と、お客様を称賛しましょう。自分が決断したことを褒めてもらえる、自分の選択は間違っていないと後押しをしてくれる、これはお客様にとって嬉しいことですし、安心にもつながります。さらに、「先日お客様と同じ年代の方が、同じ様なプランにお入りになったのですが、とても満足されていました」と、他にもこのプランに加入して満足している人がいることをお伝えしましょう。他にも同じ決断をした人がいると分かると、自分の決断は間違っていないと感じ、より安心します。

③ 保険成立後にお礼の電話をする

後日契約が成立したら、「無事に契約が成立しました！　良かったです！」と、お礼の電話をしましょう。お客様は契約書にサインをした時、気持ちが一番ピークとなっていて、そこから少しずつ落ちていきます。そこで電話をすることで、その落ちた気持ちをもう一度上げることができます。そして、自分が選んだプランは間違っていなかったんだと、もう一度思い起こしていただく、そんな機会になります。

「バイヤーズリモース」を避けるには、クロージングの場面で少し工夫をしてみましょう。契約書にサインをする段階では、そのプランが気に入って、納得もしているのに、その後だんだんと契約したことに後悔の念を抱いてしまう「バイヤーズリモース」、これはどのお客様にも起こり得ることです。

そこで次の3つの言葉、

「今回、ご決断いただいたポイントを教えてください」

「素晴らしいご判断だと思いますよ！　すごくマッチしたプランだと思います！」

「無事に保険が成立しました！　本当によかったです！」

これらの言葉を活用することで、「バイヤーズリモース」を避けることができます。そしてアフターフォローを上手に行うことで、その後の追加契約にもつなげられる可能性が高くなります。

39 一旦受け止める

お客様の意見が間違っていたら、真っ向から否定してしまってお客様の機嫌を損ねてしまいます

クロージングの場面で、お客様がその商品を気に入ってくださっていればいるほど「反対意見」というものが出てきます。「購入したい!」という意識があるからこそ、お客様は不安材料を事前に消しておきたいのです。そこで、このお客様から出てきた「反対意見」に対してどう答えるか、これがその後の成約につながるか、つながらないかの分かれ道となります。それでは「反対処理」の仕方を2つ見ていきましょう。

■YES、BUT法
まずは「YES」で相手の意見を受け入れて、その後「BUT」で自身の考えを述べる方法

お客様が意見を言われて、それが間違っていた場合、すかさず「それは違います」「そんな訳ないじゃないですか」なんて返事をしたら、お客様は気分を害してしまいますよね。そこで「YES、BUT法」は、まずお客様の意見を、「そうですね」「おっしゃるとおりです」「多くのお客様がそうおっしゃいます」等と言って受け入れます。お客様の意見がたとえ間違っていたとしても、まずは受け入れます。

例えば、貯蓄型の終身保険をご提案した場合、YouTubeなどをよく見られているお客様は、ユーチューバーが言っていることの影響を受け、こうおっしゃるかもしれません。

「保険で貯蓄をするのは、効率が悪いですよね？」

こんな時、皆さんはどう返答をしますか？

「それ、○○というユーチューバーが言ってましたね。お客さまもあのYouTubeをご覧になったんですか？　あれ、正しい意見じゃないですよ。」

この様な返答をしてしまうと、セールスの言っていることがたとえ正しかったとしても、お客様は気分を害されてしまいます。


そこで、まずは「ＹＥＳ」で受け止めます。

「おっしゃるとおりです。「お金を増やす」という観点だけで見れば、お客様のおっしゃるとおり、投資信託や株式等の他の金融商品で運用する方が、効率はいいです」

その後「ＢＵＴ」で自身の意見を続けます。

「一方で、「貯蓄」の最大の敵は自分自身だと言われています。行動経済学による老後積立の実験では、「強制的に貯める仕組み」を作った人たちが、一番お金を貯めることができました。人というのはお金が貯まったら貯まっただけすぐに使ってしまうんです。そこで、老後のお金というのは、使えない様にしておくことが大切です。「保険」と「貯蓄」を一緒にすることで、「すぐには使えないお金」となり、老後に向けて貯めていく事ができますよ」


「ＹＥＳ、ＢＵＴ法」では、この様にたとえお客様の意見が間違っていたとしても、まずは「ＹＥＳ」で受けとめ安心してもらい、その後「ＢＵＴ」でセールスの意見を続けていきます。これは**一番簡単な「反対処理」の方法**です。

■YES、YES、YES法
「肯定」を重ねながら、相手にその理由を何度も何度も積み重ねて説明していく方法

「YES、YES、YES、YES法」はお客様から何度も「YES」という返答をもらい、「肯定」を積み重ねていく方法です。

例えば、貯蓄型の終身保険を提案した場合、保険料が毎月3万円ぐらいになってしまうこともあります。医療保険の保険料は月2、000円～5、000円ということが多いので、3万円という保険料を聞くと、お客様は「高い」と感じてしまうかもしれません。

そこで、「この保険料はちょっと高いです……」と言われたら、まずはお客様の意見を受け止めます。

「おっしゃるとおり、この保険料は少し高いと思います」。ここまでは先ほどの「YES、BUT法」と同じです。このようにお客様の意見を受け止めながら、次にメリットを次々に挙げていきます。

「この商品のメリットをまとめさせていただきます。まず1つ目、お客様にいつ万一のことがあったとしても死亡保険金が2、000万円支払われます。そして次に、60歳以降に解約された

場合は元本割れがないので60歳まで2、000万円の死亡保障を確保しながら老後の生活資金を貯めることができます。そのうえ、強制的にお金を貯める仕組みとして活用していただけます。さらに……。こういったメリットがあるので、3万円の保険料になっているんです。もちろん、掛捨ての保険にすることで保険料を安くすることもできますが、掛捨ての保険料を支払いながら、同時に貯蓄をしていくのは難しくないですか？」

この様に、**メリットをたくさん挙げていくことで、お客様から出た「反対意見」を払拭**していきます。メリットは多ければ多いほどいいでしょう。お客様が、「うん」「うん」と頷きやすい様に、ストーリーだててお話していくとなお効果的です。

クロージングの場面では、お客様から「反対意見」が出るのは当然です。しかし「反対」されると、その「反対」を覆さなくてはいけないと思い、お客様の意見を真っ向から否定してしまいがちです。ところが、お客様は保険の加入を断りたくて「反対」しているのではありません。抱えている不安を払拭することで、「この保険に加入する自分の選択は間違っていないんだ」ということを確認したいのです。そのためには、お客様を不快な気持ちにしてしまっては意味がありません。まずはお客様の意見を受け止め、気持ちよく納得してもらい、申込みにつなげていきましょう。

40 ブーメランを投げる

お客様から言われた反対意見に対して、どう返答したらいいかが分かりません

引き続き「反対処理」についてです。「ブーメラン」という道具、ご存じだと思いますが、投げたことはありますか？　「ブーメラン」は、オーストラリアの先住民であるアボリジニが使っていた、狩猟の道具です。縦に投げると、揚力により横になって自分の所に戻ってきます。

そこでこの「ブーメラン」をイメージした、「ブーメラン法」についてみていきましょう。

■ブーメラン法
反対意見があった時に、その意見を利用して興味を持ってもらう方法

「ブーメラン法」とはその名のとおり、お客様から反対意見があった際に、お客様の言葉をそのまま利用して興味を持ってもらったり、断る理由を無くしたりする方法です。

例えば、この様な感じです。

夫 10万円貸してくれない？　それを元手にお金を増やしたいんだ。

妻 そんなお金、貯蓄が無いから無理よ。

これに対して、「YES、BUT法」で返すと、

夫 そうだよね。確かに貯蓄はないよね。家のローンに食費もかかるし。でも、ビジネスのために必要なんだよ。来月貸すから貸してくれない？

YESで一旦妻の気持ちを受け止めて、BUTで返す方法です。しかしこの返し方だと、説得力があまり無い様に感じませんか？

そこでこれを「ブーメラン法」で返してみます。

夫 今、貯蓄が無いからこそ、なんとかして貸してほしいんだ。今お金が無いのは収入が少ないからだよね。借りたお金を投資に回して、来月の収入を増やす事が大事だと思うんだ。だから10万円をビジネスに使いたい。そうしないと、来月も貯蓄がないままだと思うんだよね。

この様に「ブーメラン法」では、お金がない理由を、お金を貸す理由に変えていきます。まさに、「妻」が投げたブーメランが、そのまま「妻」に返っていくというものです。「妻」が声高に言えば言うほど、大きなブーメランが返っていきます。

それではこれをセールスに応用してみましょう。

例えば、貯蓄型の保険をお勧めする場合、

客 この保険が良いものだということは分かったけど、月に3万円も保険料を支払う余裕が無いんだよ。

セ 今お金が無い、余裕がないからこそ、今、3万円の積立から始めるのがいいのではないでしょうか。

そしてこれに理由を続けていきます。

セ なぜ今、余裕が無いのかを考えると、今の自分というのは過去の自分の選択によってでき上がっています。今余裕が無いというのは、過去に余裕を作ってこなかったからに他なりません。今この3万円の積立を始めなければ、5年後には毎月5万円、10年後には毎月10万円の積立をしなくてはいけなくなっているかもしれません。今、余裕がないからこそ、この3万円で積立を始めていくべきではないですか？　今積立を始めなければ、老後をお迎えになった際に、余裕のない生活が待っているのではないでしょうか。

この様に、今余裕が無い理由を、過去の自分に置き換え、そしてこのまま行くと将来の自分も余裕が無いままだという事を実感していただきます。ここまで言われるとお客様も「そうだよねぇ」と納得されるでしょう。

ただし「ブーメラン法」を活用する際は、屁理屈にならない様に気を付けましょう。**お客様を言いくるめる様な言い方をしてしまっては逆効果**です。

例えば、私がラーメン店を経営していたとします。お客様にラーメンを出すときに、親指が汁につかってしまいました。お客様から「ちょっと、指が入ったじゃない！」と言われた時に、これをブーメラン法で返してしまうと、この様になります。

「お客様、親指が入ったからこそ、この味わいが出るんですよ」

こんな対応をしたら、恐らく口コミに悪い評価を書かれるでしょう。

「ブーメラン法」は、人間関係ができていないお客様には向いていません。また、お客様によっては少し圧迫を感じるかもしれません。それ故、あまり頻繁に活用すると、それこそ「ブーメラン効果」として自分に返ってきてしまいます。

「ブーメラン効果」というのは、圧が強ければ強いほど関係性が離れていく効果のことを言います。「ブーメラン法」を誤った方法で多用してしまうと、そんな悪い効果も生み出してしまいます。「ブーメラン法」を活用して、「ブーメラン効果」を生み出さないように気を付けてください。

クロージングの場面では、お客様からよく出る「反対」に対して、返答を事前に準備しておくことが大切です。貯蓄性の保険を提案すれば、他の保険と比べて「保険料が高い」と言われるでしょう。外貨建ての保険を提案すれば「外貨は怖い」と言われるでしょう。こういった反対に対する返答を考えていく中で、「ブーメラン法」が使えそうなものがあると思います。お客様からこの「反対」が来たら「ブーメラン法」を使うというものを、事前に準備しておきましょう。

7

クロージング後

41 紹介を得る

お客様から、他のお客様を紹介してもらえません

今回は、「紹介」についてです。保険のセールスは、「紹介」をいただかないことには始まりません。アプローチの話がどんなにうまくても、プレゼンがどんなにうまくても、お話をする「お客様」がいないことには始まらないのです。

では、「紹介」はどの段階でお願いをしたらいいのでしょうか？　一番「紹介」をいただきやすいのは、クロージング後だと言われています。

それはなぜか？

申込書にサインをいただいた後というのは、お客様の満足度が一番高いのです。そしてお客様は自分がとった行為を「正当化」したい、「認められたい」と心の中で感じています。そのため、良い行動をとったのだから、良い商品を購入したのだから、他の人にもお勧めしたい！と思っています。皆さんも、良い物を購入した際には、お友達にお勧めしたり、口コミを投稿したりしますよね？　それと同じ状態です。

それでは、お客様に「紹介」はどうやってお願いしたらいいのでしょうか？「思考限定理論」を使ってみましょう。

■思考限定理論
考える範囲を限定することで、答えを思いつきやすくする理論

まずは「思考限定理論」を使わない、紹介のお願いの仕方を見てみましょう。

セ　どなたかご紹介いただけませんか？

客　（心の声）そう言われても……みんな保険には加入しているだろうし……

（心の声）いったい誰を紹介したらいいの？　誰も思いつかないのだけど……

えっと……今のところ思いつかないので、誰かいい人がいたらまたご連絡しますね。

セ　そうですか。ではどなたかいらっしゃったら、ご連絡ください！

そしてお客様からご紹介のご連絡は永遠にいただけません。
次に、ちょっと考えてみてください。

Q　世の中にある「白い物」を思いつく限り考えてみてください。
10秒間でどれぐらい思いつきますか？
シロクマ、雪、塩、……

いくつ思いつきましたか？　なかなか難しかったのではないでしょうか？
それでは次に

Q　冷蔵庫の中にある「白い物」を思いつく限り考えてみてください。
10秒間でどれくらい思いつきますか？
牛乳、豆腐、卵、小麦粉、片栗粉、……

いかがですか？　先ほどより思い浮かべやすかったのではないでしょうか？

「世の中」と「冷蔵庫」を比べてみると、当然ながら「世の中」の方が遥かに大きな空間です。「冷蔵庫」はグッと小さいですよね。そして、白い物というのは、世の中には本当にたくさんあります。一方で冷蔵庫の中には、そんなに無いと思います。でも、「冷蔵庫の中」と限定された方が思い浮かべやすかったのではないでしょうか。

そこでこれをセールスに応用してみましょう。

「紹介」していただくお客様を思い浮かべてもらう際、**お客様の思考を限定した問いかけ**をしてみてください。

すなわち、「どなたか紹介していただけませんか？」ではなく、「会社で同じ部署の方を紹介していただけませんか？」という問いかけです。

実際はもっと空間を絞った方が効果的です。それでは、どの様に空間を限定するのか。それには、お客様の最近の行動を把握しておく必要があります。クロージングまでに数回、お客様とはお会いすると思います。その際の雑談がポイントです。何度も言っていますが、雑談を雑談で終わらせてはいけません。ちゃんとセールスにつながる雑談をしておくことで、その後の紹介につながるのです。

例えば

客　先日、久しぶりに結婚式に行ったのよ〜。

セ　そうなんですか。どなたが結婚されたんですか？

客　会社の後輩なんだけどね。

セ　それでしたら、会社の方、皆さんで行かれたんですか？　盛大な結婚式だったんですね。

客　そうなのよ。１００人ぐらいはいたかしら。

セ　スピーチは上司の方がされたんですか？

客　そうなの。今は私の直属の上司じゃないんだけど、昔は上司だった人がしたのよ。

この様にこの会話では、「結婚された方」と、「スピーチをされた方」のお２人を知ることができました。

しかしここですぐに、「では、その上司の方をご紹介いただけますか？」と言うのは時期尚早です。

冒頭で解説したとおり、「紹介」はお客様が「紹介したい！」という気持ちになっていないと、いただくことができません。ですので、クロージングまでにこういった雑談をたくさんして、**お客様の周りにいらっしゃる方をたくさん把握し、その方の属性やお名前を憶えておく**ことを心がけます。

そしてクロージングにて申込書にサインをいただき、契約が成立した後に、「先日お話されていた、結婚式でスピーチをされた元上司の方をご紹介いただけませんか?」とか、「先日結婚された、会社の後輩の方をご紹介いただけませんか?」といった様に、お客様の思考を限定してお願いをします。

紹介入手はセールスにおいてとても重要な手順です。1人でも多くのお客様を紹介していただける様に、雑談では情報収集を心がけ、それをベストタイミングまで覚えておきましょう。

8

アプローチ・プレゼンテーション

42

提案の数は○個

たくさんのプランを提案すると、お客様が迷ってしまって成約になりません

プレゼンテーションでお客様に商品を提案する際、一番良いものを1種類だけ提案した方がいいのか、それとも、5種類、6種類と複数提案した方がいいのか、提案する数はどれぐらいがベストだと思いますか?

そこで、「選択の科学」という本の著者である、シーナ・アイエンガー氏が行った実験を見ていきましょう。

コロンビア大学教授のシーナ・アイエンガー氏は、1969年トロントで生まれました。両親はインドからの移民でシーク教徒でした。3歳の時に眼の疾患と診断され、高校時代に全盲になりま

す。家庭ではシーク教徒の教えに従い、両親に着るものから、結婚相手まですべてを決められていました。

自身が成長過程で選択肢を持てなかったこと、アメリカでは個人の選択こそ最大の権利とされていることから、「人の選択」に興味を持ち、科学的な研究を行っています。

彼女は「選択」に関する面白い実験を行いました。

皆さんがスーパーの店長になったと仮定してください。ジャムをより多く販売するためには、試食コーナーに6種類のジャムを置いた方がいいでしょうか？　24種類のジャムを置いた方がいいでしょうか？

まず試食した人数を比較してみます。

6種類のジャムでは40％の方が足を運び、24種類のジャムでは60％の方が足を運びました。したがって、この結果だけを見ると、24種類という、より選択肢が多い方が、お客様にとって魅力的であったということが言えます。

ではその後、ジャムを手に取ってレジまで行った人はどれぐらいだったのでしょうか。

6種類のジャムでは、30％の人がジャムを手に取ってレジまで足を運びました。一方で、24種類のジャムの方では、3％の人しかジャムを手に取って足を運びませんでした。

ということは、最終的にジャムを購入した人、すなわち、購買率はどうなったかというと、6種類のジャムの方では、40％の人が試食をして、そのうち30％の人が購入しました。ですから、購買率は12％です。

一方で、24種類のジャムの方は、60％の人が試食をして、3％の人が購入しました。ですから、購買率は1・8％です。

すなわち、6種類のジャムの方が売上が良かったということになるわけです。

セールス面で考えると、アプローチの段階では、6種類ではなく24種類という数が多い方に魅力があり、決定の段階では24種類ではなく、6種類という数が少ない方が皆さん決断がしやすかったということです。

これをセールスに応用してみましょう。

アプローチの場面では、多くの選択肢があることをアピールします。

例えば、次の様な感じです。

「お客様にあった、オーダーメイドのご提案を用意しました！」

「当社では、5種類の医療保険からお選びいただけます」

この様に、選択肢に幅のある見せ方をします。もちろん、1種類しか商品がない場合はこの様な嘘をついてはいけませんが、複数ある場合は**「たくさんの中から選んでいただける」ということをアピール**してみましょう。

プレゼンテーションの場面では、比較分析できる個数まで絞り込みましょう。

例えば、「お客様のニーズを伺った結果から、お勧めできる医療保険が3つあります」という感じです。

プレゼンテーションの段階では、セールス側である程度種類を絞ってご提案します。ではいったい、何種類に絞ればいいのか?という質問を多く受けますが、比較しづらい、目に見えない金融商品などについては、**3種類ぐらいが適切**です。

多くの商品やプランをお客様に提案した方が、選択肢がたくさんあってお客様も喜びそうですよね。アプローチの段階では、多くの商品やプランをお見せした方が、お客様の期待が膨らみます。しかし、プレゼンテーションの場面まできたら、お客様のニーズは把握できているはずです。お客様に選択を委ねるのではなく、セールス側でお客様に合うものを絞って提案しましょう。

43

希少性を演出する

お客様に「今欲しい!」と思っていただけるコツはないですか?

今回は「希少性」についてです。「希少」という言葉を見ると、ダイアモンドとかプラチナとか、貴金属が思い浮かびますよね。そして「希少」だからこそ高く、高くても購入するのではないでしょうか。セールスにおいてもこの「希少性」を活用し、お客様の購買意欲をコントロールすることができます。それが「スノッブ効果」です。

■スノッブ効果

アメリカの経済学者ハーヴェイ・ライベンシュタイン氏が提唱
同じ商品やサービスを大勢の人が利用していると希少価値がなくなり、その商品やサービス

に対して購買意欲が下がる効果のこと

「スノッブ効果」とは、ある商品やサービスを大勢の人が利用していると、希少性が無くなるのでその商品やサービスの購買意欲が下がることを言います。「スノッブ」とは、英語でｓｎｏｂ、その価値が分かった気になっている人のことを指します。逆に言うと、希少価値を高めると購買意欲が高まる、ということです。

こんな経験はないでしょうか？

すごく気に入って頻繁につけていたアクセサリーを、友人がつけているところを見てしまい、それからもうそのアクセサリーをつけなくなった。もしくは、気に入って着ていた洋服と同じ洋服を着ている人を街で見かけて、もうその洋服は着なくなった、

この様に、気に入って使っていた商品でも、人気が出てきて周りの人たちが使う様になったら、たちまち興味を失ってしまうということ、よくあると思います。

これには、自分だけが好きだったものといった「希少性」が大きく影響しています。

そこでこの「希少性」をセールスに応用してみましょう。

アプローチの段階でお客様のアポイントを取得しようとする時、この様にお話していませんか？

「いつでも空いていますので、お客様のご都合のいい日時をおっしゃってください」

これではアポイントはとれません。そこで「スノッブ効果」を活用するとこの様になります。

「来週の月曜日の15時、もしくは木曜日の10時でしたらお時間をお取りできます。それ以外は既に埋まっておりまして。いかがですか？」

たとえスケジュールがガラ空きだったとしても、この様にお伝えしてみてください。お客様は「希少性」に惹かれます。この人は忙しくてスケジュールがいっぱいということは、この人から話を聴けるのは「希少」なんだ、と思っていただけるわけです。

プレゼンテーションの場面では、

「これまでのお客様のお話から、お客様専用のプランをオーダーメイドでご用意してきました」

とお伝えしてみましょう。「オーダーメイド」＝「希少性」となるため、特約を様々組み合わせられる保険等ではこういったプレゼンテーションの方法が効果的です。

「希少性」というのは、セールスパースン自身、商品、サービス、会社等、高められるものがいろいろあります。同じことを言うにしても、**普通の言い方をするのか、「希少性」を高めた言い方をするのかで、お客様の受取り方が異なります**。普段から「希少性」を高めた言い方ができるよう、意識してみてください。

44

名前を連呼すると？

お客様との距離を縮めることがなかなかできません

生命保険のセールスでは、新規のお客様とお話する機会も多く、初めてお会いしたお客様とどうやって距離を縮めたらいいのか、また、その距離を早く縮める方法はないのかと悩んでいる人も多いのではないでしょうか。そこで今回は、「セールス」と「お名前」の関係、「ネームコーリング効果」と「ネームレター効果」についてです。

■ネームコーリング効果
人は名前を呼んでくれた相手に対して、好感度が高くなる傾向があること

「ネームコーリング効果」とは、自分の名前を呼んでくれた相手に対して、好感を持つという効果です。自分の名前を呼ばれることで、「個人として認めてもらえている」と感じ、承認欲求が満たされます。街で知り合いに会った際、「こんにちは」とだけ言われるよりも、「川口さん、こんにちは」と言われた方が嬉しいですし、相手に対して親近感が沸きますよね。

■ネームレター効果
人は無意識に自分の名前を好み、自分の名前に含まれる文字に対して好意を持つ傾向があること

「ネームレター効果」とは、自分の名前に含まれている文字に対して、人は無意識に好意を持つ効果のことです。例えば「川口尚宏」という名前の場合、

・「川口尚宏」という漢字4文字
・「かわぐちなおひろ」という平仮名8文字
・「カワグチナオヒロ」という片仮名8文字
・「NK」というアルファベット2文字

こういった「文字」に対して、無意識に好意を持っているのです。

さらに、人は無意識に自分の名前と関係のあるものを好きになっていて、そして行動にも移しているという結果が統計学的に出ています。例えば、「ルイス」と言う名前は「セントルイス」に多く存在していたり、「Ｄｅｎｎｉｓ」や「Ｄｅｎｉｓｅ」は「Ｄｅｎｔｉｓｔ（歯医者）」になるケースが多いそうです。

この様に、自分の名前と近しいものに親近感が沸き、無意識のうちに何かしらの行動をとったりしているのです。

私の知り合いに、保険の「保」と書いて、保川という方がいらっしゃいます。この方はやはり「保険」の仕事をされていました。「保険」というものに対して、無意識に使命感を持っていらしゃったのではないかと思います。不思議なものです。

それではこの2つの効果をセールスに応用してみましょう。

まず「ネームコーリング効果」です。アプローチの場面、初めてお会いした場面において、「初めまして。今日はよろしくお願いします」というよりも、「〇〇様、初めまして。今日はよろしくお願いします」と言った方が、お客様との距離がグッと縮まります。また、その後の商談の場面でも、**定期的にお客様の名前を呼びかけること**を心がけてみてください。「○○様は、いかが思われますか?」や、「○○様、本日はお時間をいただきありがとうございます」といった感じです。ただし、あまり頻繁に呼びかけると「なんかこの人変だわ」とお客様が感じてしまい逆効果になるので、ほどほどに呼びかけましょう。

次に「ネームレター効果」です。プレゼンテーションの場面で、**お客様のお名前と商品の何かを結び付ける**様にします。例えばサービスで「Next Key」というものがあったとします。このサービスの名前は「Next Key」なのですが、川口様のお名前のイニシャルと頭文字が同じですね、などと口に出して言ってみてください。ちょっと無理やり感は出るかもしれませんが、この様にお伝えすることで、お客様にとっては親近感が沸き、その商品に対して興味を持ってもらえるはずです。

お客様との距離を早く縮めるためには、お客様のお名前を意識して呼ぶようにしましょう。電話で話す際も同じです。電話を取る際に、「こんにちは」と挨拶するのではなく、「○○様、こんにちは」と挨拶するだけで、距離はグッと縮まります。

また、お客様のお名前と、商品の何かを関連付けてお話することもとても効果的です。何か関連性を見つけて、「この商品は○○様のためにある様なものですね」とお伝えすればお客様は、「そんな訳ないでしょ」と言いながらも嫌な気はしないはずです。ただし、商品とお客様のお名前の関連性は、すぐには見つけられないと思うので、事前にしっかり準備をして臨みましょう。

45 ブランディングするには

上司から、自分をブランディングする様に言われたのですが、ブランディングの仕方が分かりません

セールスをするに当たって、お客様から「信頼」されたり、「この人は知識がある」と思ってもらうことはとても重要です。それでは、どうやって自分をブランディングしていったらいいのでしょうか。そこで「クレショフ効果」について考えてみます。

■クレショフ効果
1922年　旧ソ連の映画理論家レフ・クレショフ氏が提唱
関連のない画像や写真でも、映画のようにつなげて編集すると、人は無意識に前後の映像を

関連付けてしまう効果のこと

「クレショフ効果」とは、前後の脈絡がない無関係の写真でも、続けて見ることによって、前後の繋がりを無意識に関連付けてしまうことをいいます。

こんな実験がありました。

被験者に3種類の写真を見せ、その後でこちらの様な無表情の男性の顔写真を見せます。

そして、この無表情の男性の「感情」を答えてもらう、という実験です。

実験の結果は次のとおりでした。

まず、「おいしそうなスープ」の写真を見せます。その後、この無表情の男性の写真を見せると、この男性は「おなかが空いている」のではないかと感じます。

次に、「棺に入った遺体」の写真を見せます。そ

の後、この無表情の男性の写真を見せると、この男性は「悲しんでいる」のではないかと感じます。

そして最後に、「ソファーに横たわる女性」の写真を見せます。その後、この無表情の男性の写真を見せると、この男性は「欲望を感じている」のではないかと感じます。

この様に、同じ無表情の男性の写真にも関わらず、その前に見せられた写真の影響を受けて、感情を答えてしまったのです。なお、この実験では写真を順番に見せていますが、全く無関係な写真や絵を同時に見せられたとしても、同様な効果が生じると言われています。

それでは実際にやってみましょう。

上の2枚の写真を見てください。

「おいしそうな魚料理」の写真と、「猫」の写真です。この猫は、実際にはこの魚料理の前にいるわけではありません。しかし、この

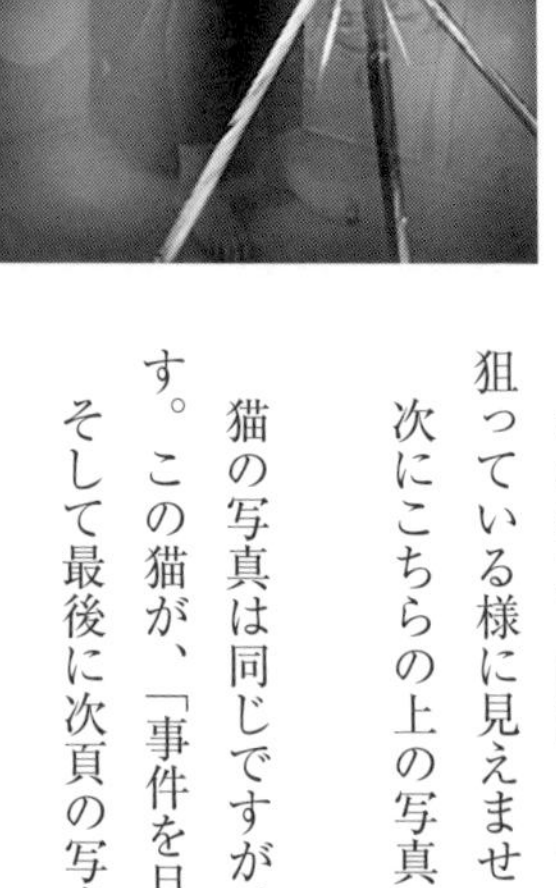

2枚の写真を同時に見ると、猫がこの魚料理を食べたいなぁと、狙っている様に見えませんか?

次にこちらの上の写真です。

猫の写真は同じですが、割れたガラスと怯えている女性の写真です。この猫が、「事件を目撃した猫」に見えませんか?

そして最後に次頁の写真を見てください。

次頁の写真こちらも猫の写真は同じですが、月明かりに照らされた森の写真です。「何か愁いを帯びている猫」に見えませんか?

猫の写真は3枚とも同じものでしたが、同時に見せられた写真によって、猫が考えている事が異なって感じられたのではないでしょうか。このことから、お客様に一緒に見せるものによって、強調したい物の印象を変えることができる、ということを分かっていただけたかと思います。

それでは、セールスに応用してみましょう。

セールスにとって、自分をブランディングすることはとても重要です。見た目はとても重要なので、服装や髪型に注意を払うのは当然です。その他に、まず「名刺」です。名刺に「名前」だけを記載するのではなく、ブランディングしたい「顔の写真」を載せてみましょう。「誠実さ」をアピールしたいのであれば誠実な顔の写真を、「親しみやすさ」をアピールしたいのであれば笑顔の写真を載せることで、名前とその「顔」が結び付き、お客様に自分の強みを印象付けることができます。「顔写真」を載せることに抵抗がある場合は、顔のイラストでもいいと思います。

しかし、名刺は最初にお会いした1回しか渡しません。そこで、既存のお客様には定期的にニュースレターを送りましょう。そこでこのニュースレターにも、先ほどの名刺と同じように「顔写真」を載せておきます。そうすることで、**定期的にお客様の目に自分の姿が入り、見せたい自分にブランディングすることができます。**

そしてもう1つ、セールス自身のブランディングとは少し異なりますが、プレゼンテーションの場面での「クレショフ効果」活用方法です。

生命保険の商品説明は、どうしても文字や数字での説明になってしまいがちです。しかし、お客様の決断を後押しするのに重要なのは、万一の際の状況を映像化し、自分事として捉えてもらい、「行動を促す」ことです。

そこで、**商品説明のスライドの数枚に1枚、写真を入れてみましょう。**例えば、「ご家族を守ることができます。」という説明の後で、「笑顔の家族写真」を見せてみたり、「もしお客様が入院したら、奥様が大変ですよね」という説明の後で、「育児に追われる女性の写真」を見せてみたりしてみてください。

文字や数字だけで伝えるよりも、お客様の頭の中でその光景が映像化され、お客様の気持ちに訴えることができます。

人は、無意識でいろいろなものを関連付けています。この「クレショフ効果」は、マーケティングやブランディングの方法として、広告などでも広く活用されています。皆さんも、是非試してみてください。

9

アプローチ・クロージング

46

33%の売上アップ

お客様に断られるのが怖いのです……

お客様に商品やサービスをお勧めした際、断られると誰しもへこみますよね。お断りが何件も続くと、断られることが怖くなって、うまくセールスができなくなってしまう、なんていうこともあります。

そこで、お客様に断られにくくする方法はないのかというのが今回のテーマです。

お客様に断られにくくする方法、あるのです。しかも、こちらの要望を33%も呑んでいただきやすくなる方法です。それが「ドア・イン・ザ・フェイス」です。

■ドア・イン・ザ・フェイス
返報性の原理を応用したテクニック

「ドア・イン・ザ・フェイス」とは、一度ちょっと高い要求を出して敢えて断られます。そしてすぐに別の譲歩した要求を出して、相手から「一度断ったし、譲歩してくれたから今度はその要求を呑まないと悪いな」と思わせ、要求を呑んでもらうテクニックです。

例えば、1、000円を借りたいと思った時に、いきなり「1、000円貸してくれない？」と言うと、相手は「え？　無理なんだけど」となる可能性が高いです。そこで、本当に借りたいのは1、000円なのにも関わらず、「1万円貸してくれない？」とお願いします。そうすると「さすがに1万円は貸せないよ」と断られますが、そこですかさず「じゃあ1、000円だけ貸してくれない？」とお願いをします。すると、「1、000円だけなら……」と、貸してもらえる可能性が高くなります。

実際にこんな実験がありました。

社会心理学者でアリゾナ州立大学の教授を務めているチャルディーニ氏が大学生を対象に行った

実験です。
学生に次の2つのお願いをしました。

A 2年間、毎週2時間、青年カウンセリング・プログラムに参加する

B ある日の午後1日だけ、子供を動物園に連れていく

AとBのお願いを比べると、Aのお願いはハードルが高く、Bのお願いはハードルが低くなっています。チャルディーニ氏の本当のお願いは「B」の、ある日の午後1日だけ、子どもを動物園に連れていって欲しい、というものです。

そこで、Bのお願いだけした場合、OKをした学生は約17%しかいませんでした。しかし、最初にAのお願いをして、断られた後で、Bのお願いをすると、約50%の学生がOKをしたのです。

なぜこの様な実験結果になったかというと、1回目のお願いを断った時点で、学生の間に罪悪感が生まれます。そして、次に簡単なお願いをすることで、相手に要望を譲歩させたという「返報性の法則」というものが働くのです。すると、次のお願いは受けてあげようかな、と思い要求を受け入れます。

要するに、１つ目のお願いのハードルをちょっと高めにすると、２つ目のお願いを呑んでもらえる可能性が33％上がるということです。

これをセールスに応用してみましょう。

アプローチの段階で、

セ　お客様のお話をじっくり伺いたいので、午後いっぱいお時間をいただけませんか？

客　そんなに長い時間は難しいわ……

セ　それでしたら、30分だけお時間をいただけないでしょうか？

客　30分だけなら……

クロージングの段階で、

セ　お客様に合う保障をつけると、保険料は毎月50、000円になります

客　そんなには毎月払えないわ……

セ　それでしたら、必要最小限の保障にすることで保険料は毎月10、000円になります

客　それならなんとか……

「ドア・イン・ザ・フェイス」は、お客様にアポイントを取る時や、クロージングの場面で使え

るテクニックです。敢えてお断りをしてもらうために、一度高い要求を出します。そして、すかさず譲歩した要求を出します。お客様の、断ったという多少の罪悪感と、譲歩してくれたという返報性の法則を利用することで、要求を呑んでもらいやすくする方法です。

また、日々セールスを行う中でお断りをされると誰しも落ち込みます。そこで、**計画的にお断りを受けることで、ダメージを減らす**こともできます。楽しみながら長くセールスをしていくに当たって、受けるダメージを減らすことは重要です。この様なテクニックも是非使ってみてください。

10

プレゼンテーション・クロージング

47 質問を受けたら…

お客様から質問を受けると、焦ってしまい、うまく答えられません

こちらの提案に対して「いいかも！」とお客様が思うと、気になることに対して質問がきます。この質問が来た時に、どういう答え方をするかで、お客様のセールスに対する印象が違ってきます。セールス初心者は「自分が正しく答えられるか」というのを考えてしまい、少しでも分からない質問がくると焦ってしまいます。一方、ベテランのセールスは「お客様の欲求を満たす」ということを常に考えます。お客様の欲求を満たすことができれば、質問に対する回答に多少時間がかかっても、お客様の満足度は下がりません。そこで今回は「フォールスコンセンサス効果」についてです。

■フォールスコンセンサス効果

1970年代　スタンフォード大学の社会心理学者リー・ロス氏が提唱

自分の意見が多数派で正常だと思い込んでしまうこと

「フォールスコンセンサス効果」とは、自分の意見は多数派で正しく、相手も自分と同じ様に考えるだろうと思い込んでしまうことを言います。1970年代にリー・ロス氏がこんな実験をしました。

ある大学の学生に、「サンドイッチマンの広告をぶら下げてキャンパスを歩いてほしい」と依頼します。

ちなみにサンドイッチマンとは、サンドイッチを売る人ではありません。体の前後に看板を掲げて広告をアピールする人のことです。

そしてそのお願いにOKをした学生に対して、他の人もOKするかどうかを尋ねました。一方、そのお願いを拒否した学生に対しては、他の人も拒否するかどうかを尋ねました。その結果がこちらです。

・OKした学生→他の人も同意すると答えた確率約60%

・拒否した学生→他の人も拒否すると答えた確率約70%

この実験結果から分かる様に、人間というのは自分の考えや意見が多数派で、正しい意見であり、そうありたいと思っています。そして自分の意見が他の多くの人と同じだと安心するのです。

それでは、これをセールスに応用してみましょう。

お客様が商品に関する質問をセールスにした時、お客様は自分の質問のクオリティを気にしています。一番大切なのは、正しい回答がすぐに返ってくるかではなくて、**自分の質問がおかしくないか、ということ**なのです。そこで、お客様から質問が来た時は、まず深く頷いて「多くのお客様からその質問をいただきます」と答えることで、お客様は自分の質問はおかしくない、自分は多くの中の1人なんだという帰属意識を感じ、安心します。質問にはその後ゆっくりと答えればいいのです。

皆さんも何か質問をする際、こんな質問をして笑われないかな？　変だと思われないかな？と不安に思うことはありませんか？　セールスの場面では、まずその不安を払拭することが大切なのです。したがって、お客様から来た質問がたとえめずらしい内容だったとしても、「多くのお客様からその質問をいただきます」と言って安心してもらってください。

大切なのは、お客様からの質問に正しく即答することではありません。お客様を安心させることです。どんな質問が来たとしても「多くのお客様からその質問をいただきます」と答えることで、質問に対する答えを考える時間を作ることもできます。お客様から質問が来たら、反射的にお客様を安心させられるひと言をすぐに発することができる様に練習してみてください。

11

全てのプロセス

48 セルフコントロールも大事

自分に自信がないので、お客様と会った時に、自信のなさが見透かされているのではないかと心配です

こんな時、私たちはどうしたらいいのでしょうか。

誰しも、初めから知識が豊富でもありませんし、セールスに長けているわけでもありません。そこで、経験を経て、徐々に自信をつけていくわけですが、お客様は自信のないセールスから購入はしません。となると、経験を積むまで購入してもらえないことになります。それでは困りますよね。

でも、安心してください。自信がないうちからもできることがあるんです。それが「パワーポーズをとる」ことです。

■パワーポーズをとる
力強いポーズを取ることで、自信が湧いてくること

「パワーポーズ」というのは、力強いポーズをとるということで、例えばこんな感じです。

左のポーズ、マラソン選手がゴールテープを切った時によくするポーズです。このポーズは、初めてマラソンをする人も、目が不自由な人も、一度もこの姿を見たことが無い人も、みんなゴールテープを切る時にするポーズなのだそうです。人間の中には、パワーポーズというのがDNAに組み込まれているのかもしれません。

こういった「パワーポーズ」ですが、意識してとることで良い影響が出る、ということを社会心理学者のエイミー・カディ氏が発見しました。

エイミー・カディ氏の実験によると、先

ほどのイラストの様な力強いポーズをとると、その後、自信を高めるホルモンである「テストステロン」が20％増加しました。さらに、ストレスを感じさせるホルモンである「コルチゾール」は25％減少しました。

逆に、右の様な力の弱いポーズをとると、「テストステロン」は10％減少、「コルチゾール」が15％増加してしまったのです。

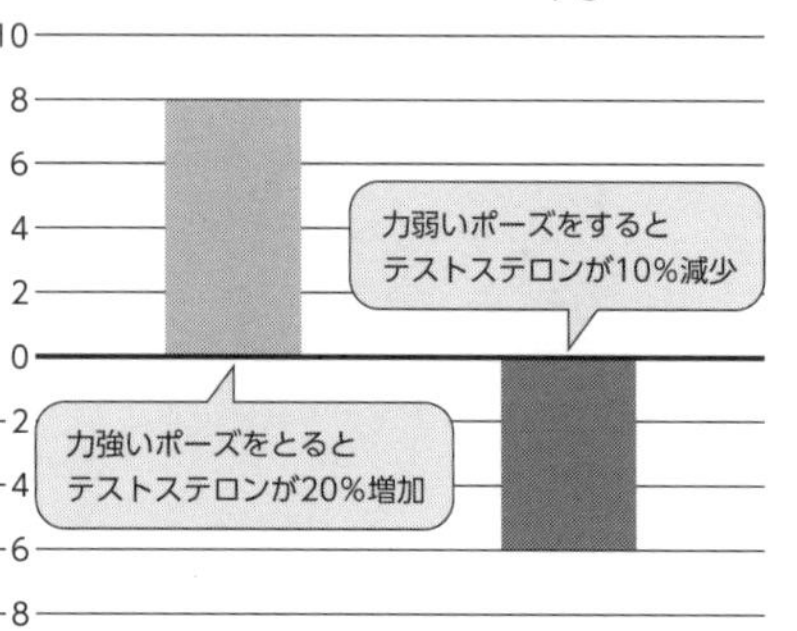

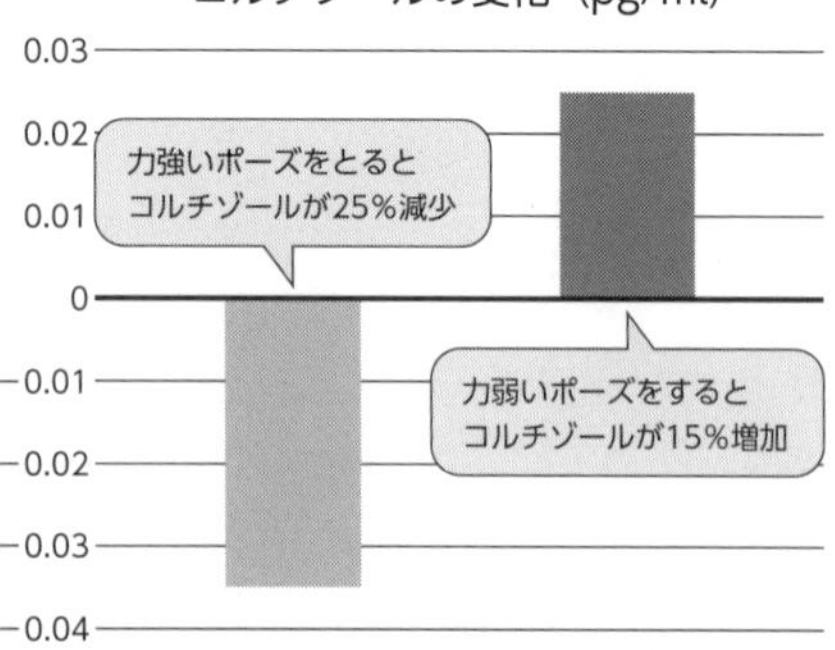

つまり、自信に満ちたポーズをとると、実際に自信が高まり緊張も緩和された状態になるため、パフォーマンスが向上します。逆に、自信の無いポーズをとると、実際に自信が無くなり、緊張が高まるため、パフォーマンスが低下する、ということです。

でも、そもそも本当に自信が無いんだけど……と思われるかもしれません。カディ氏はこうも言っています。「まずは真似ること。嘘でもいいから真似ることで、それが自分のものになっていきます」

これをセールスに応用してみましょう。

この「パワーポーズをとる」というのは、アプローチ・ニーズ確認・プレゼンテーション・クロージング、全ての場面で活用できます。**お客様にお会いする前に少し時間をとり、力強いポーズをとってみてください。** そうすることで、「自分はできるんだ！」という自己暗示をかけることができます。

たとえ最初は自信がなかったとしても、これを何回も繰り返しているうちに、経験とともに自信がついてきます。私もセールスを始めた頃は、人と話をするのが得意ではなかったので、お客様宅のインターホンを押す直前や、喫茶店のお手洗いでこっそりパワーポーズをとってから、商談に臨んだものです。

実は……

今回ご紹介した、カディ氏の実験結果は、後に物議を醸すものとなりました。パワーポーズをとることで、主観的な感情は高まりましたが、ホルモン値やリスク許容度には影響しなかった、という実験結果が他の研究者から出てきたのです。どちらが正しいか……定かではありませんが、この「パワーポーズ」、やってみると力が湧いてくるのは事実です。いつでも、どこでも、誰にでも、簡単にできるものなので、是非やってみてください。

49

座る位置にも気を付ける

お客様とお話をする際、皆さんはどこに座りますか？　真正面に座って、面と向かってお話をしますか？　真横に座って、少しお客様に接近して、親近感が沸くようにお話しますか？

例えばこのような応接室があったとします。

左下に応接室の入り口があります。この応接室にお客様をお通しする場合、どこに座っていただきますか？

A　B
机
C　D
入口

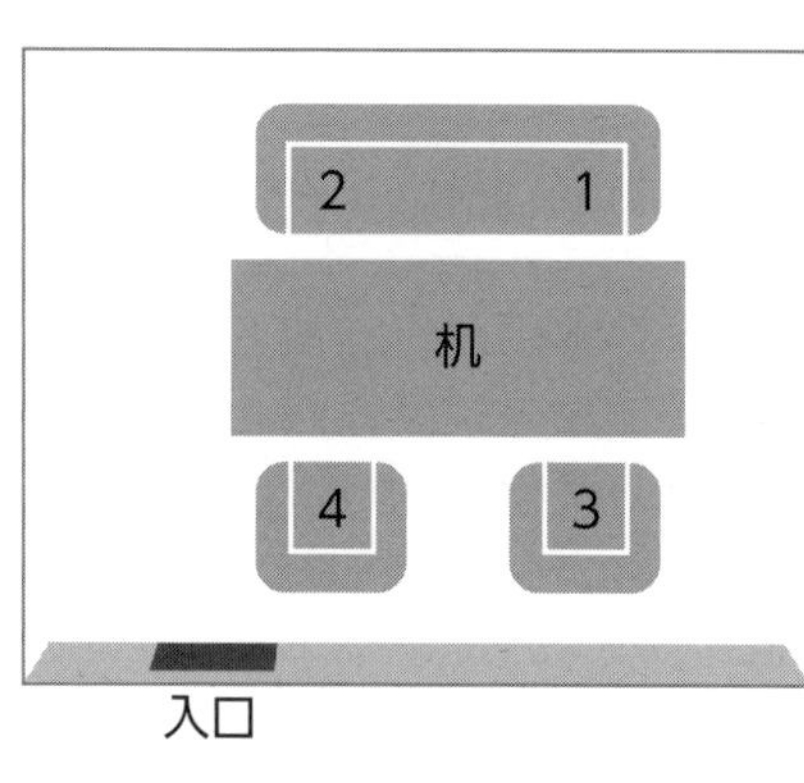

答えは、Bですよね。なぜかというと、入り口から一番遠いところ、そこが上座になるので、お客様にはBの位置に座っていただきます。これはマナーの講義で言われることです。

ですので、入り口から一番離れたところを1番とすると、1→2→3→4という順番で、偉い人から座っていただくのがマナーとなっています。

そしてお客様が1人の場合、セールスが2に座るというのは少し違和感があるので、3か4に座らざるを得ません。

では、この様な応接室ではなく、セールスが座る場所を選べる場合、お客様に対してどの位置に座ると良いのでしょうか。また、座った方がいい場所というのはあるのでしょうか。

そこで今回は「右耳の効果」についてです。

■右耳の効果
イタリアのガブリエレ・ダヌンツィオ大学ルカ・トンマージ博士とダニエレ・マルツォーリ博士の実験結果
右耳から話しかけた方が合意を得やすいこと

「右耳の効果」とは、イタリアのアブルッツォ州にあるクラブで行われた実験結果から、人は右耳から話しかけられた方がOKする確率が高いというものです。どんな実験だったかと言うと、クラブという、周りの音がうるさい場所で、カウンターに座る男性に、女性が「タバコを1本いただけませんか?」と声をかけます。周りの音がうるさいので、女性は男性の耳元に声をかけざるをえません。

その時、左耳の方から声をかけた場合は88人中17人がタバコを差し出しました。一方で、右耳の方から声をかけた場合は、88人中34人がタバコを差し出したのです。右耳から声をかけた方が2倍の成功率となったわけです。

これは脳科学的に言われていることで、右耳から入った情報は左の脳で処理します。左耳から入った情報は右の脳で処理します。人というのは、右耳から入って左の脳で処理をするときには積極的な行動をとり、左耳から入って右の脳で処理をする時には消極的な行動をとると言われています。

ここで行われた実験では、人間というのは、右から情報を得ることを好んでいて、そして右から情報が入った方が納得と理解を得やすいということを証明しました。

そしてもう1つ、他の観点からもお客様の右側に入った方が良いと言われています。それは、心臓が左にあることから、左側から近寄っていくと、威圧感を感じることがあるそうです。そのため、右側から寄っていくということは、非常に合理的な方法なのです。

それではセールスに応用してみましょう。

お客様の横から話ができる際は、**お客様の右側から話しかける**ように心がけてみてください。例えば、セミナー終了後、お客様の横に行って「本日のセミナーはいかがでしたか？」と聞く際、お客様にパソコンのモニターをお見せする際、お客様と並んで歩く際等、意識してみると、お客様の横に立つ機会は少なくないはずです。そんな時は、常にお客様の右耳から話しかけることで、お客様からＯＫをいただきやすくなります。

「右耳の効果」は、セールスプロセスの全ての場面で活用できます。お客様の右耳を意識することで、アポイントを取得したり、成約に至る確率がグンと上がります。意識してやってみてください。

番外編

50

成約率を上げる戦略

新商品が発売になったので、既契約のお客様に順番にお声がけしているのですが、成約率がよくありません。成約率を上げる方法はないですか？

ここまでは、お客様とお話をする際のスキルについて解説してきました。しかし、ここまで解説してきたスキルを使っても、うまくいかないことがあります。

そうなんです。これまで解説してきたスキルを使って、片っ端からお客様にセールスをしていっても、そもそもアプローチするお客様が間違っていたら、成約率が上がらないことがあります。

新商品が発売された際、新規のお客様にアプローチをすることはもちろんですが、これまで契約していただいたお客様、既契約のお客様にアプローチしていくことも重要です。

そこで皆さんは、既契約のお客様にアプローチする場合、どのような順番でアプローチしていますか？　アドレス帳で「あ」から順番にアプローチしますか？　思いつくお客様に、思いつくままにアプローチしますか？　しかし、闇雲にお客様にアプローチしても、なかなか成約率は上がらないのではないでしょうか？

そんな時、片っ端からアプローチしていくよりも効率的にアプローチをする方法があります。それが今回ご紹介する「イノベーター理論」です。

■イノベーター理論

1962年　アメリカ・スタンフォード大学の社会学者、エベレット・M・ロジャーズ氏が「イノベーション普及」の中で提唱

消費者を5つに分類し、新しい商品やサービスである「イノベーション」がどのように市場に普及していくかを分析したもの

「イノベーター理論」というのは、新しい技術というのがどのような順番で普及するのかということを調べて発表した結果です。

今では多くの人が普通に使用しているｉＰｈｏｎｅ、または多くの人が普通に視聴しているＹｏ

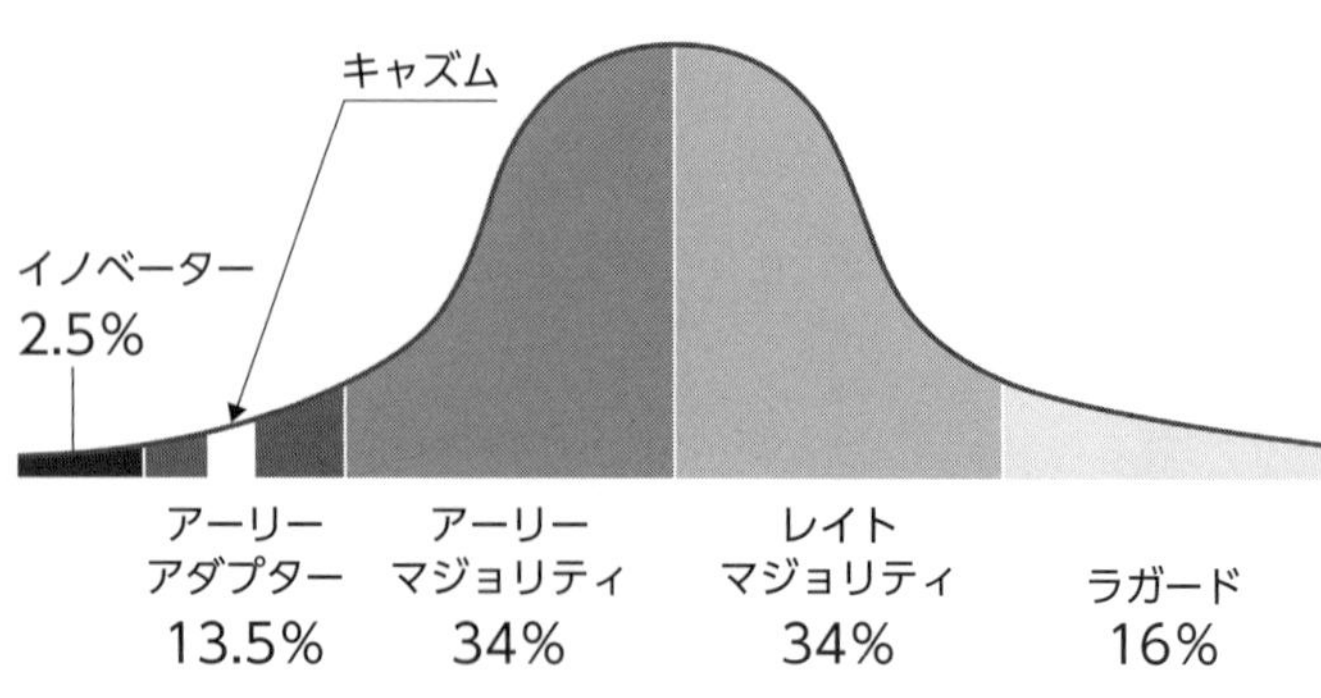

ｕＴｕｂｅですが、ここまで普及するまでにはある程度の時間がかかりました。

ｉＰｈｏｎｅが発売されてすぐ購入した人もいれば、何年か経って、多くの人が使用しているのを見てから購入した人もいます。ＹｏｕＴｕｂｅも、サービスが始まってすぐに投稿を開始した人もいれば、最近やっと投稿し始めた、もしくは最近やっと視聴を開始した、という人もいます。

そこでこちらをご覧ください。

上の図のとおり、どんな商品やサービスに対してもすぐに飛びつく人が２・５％いると言われています。この人達は「イノベーター（革新者）」と呼ばれ、とにかく新しいものが好きです。「新しい」ということに価値を感じるので、商品の細かいメリット等には興味を示しません。しかし、少人数です。

そして、この人達に追随するように「アーリーアダプター（初期採用者）」という人が１３・５％います。この人たちはイノベーターほど革新的ではありませんが、世間のトレンドに敏感で、常日頃からアンテナを張り情報を収集しています。市場全体の13・5％を占めていると考えられ、「インフルエンサー」と呼ばれることもあり、その後多くの人に影響を及ぼすと言われています。

そしてその後、「アーリーマジョリティ（前期追随者）」、「レイトマジョリティ（後期追随者）」「ラガード（遅滞者）」と続いていきます。

「アーリーマジョリティ」は34％いるとされ、前述した2つのタイプと比較すると、新商品に対して慎重な姿勢を取ります。ですから、イノベーターとアーリーアダプターとの間には明確なキャズム（溝）があるということです。しかし、流行に乗り遅れたくないという気持ちを持っているため、話題の商品に反応はします。

「レイトマジョリティ」もアーリーマジョリティと同様に34％いるとされていますが、新しいものに対して消極的な態度を取ります。周囲の動向を注意深く伺いながら、新しい商品が大方普及したと確信してから、採用に至ります。

「ラガード」と呼ばれる人は最も保守的で、新しいものに対して全く興味・関心を持ちません。新しいものを受け入れたくないとすら感じています。市場の16％を占めると言われています。

そこでもうお分かりのとおり、新商品が出てお客様にアプローチするには、最初の2つに分類される人、「イノベーター」と「アーリーアダプター」の合計16％の人からアプローチしていくことが大切です。この16％の人たちに普及させることができれば、その後は比較的持続的に普及していきます。

まず、「イノベーター」の人達に対しては、「革新的」「最先端」「画期的」という言葉が響きます。

「アーリーアダプター」の人達に対しては、「具体的なメリット」「これまでの商品とどう違うのか」という点をお話することが大切です。

この様な点を押さえてアプローチをしていくことで、成約率をグンと上げていただくことができます。

そしてこれ以降の人、「アーリーマジョリティ」「レイトマジョリティ」の人達に対しては、既に多くの人がこの商品を利用していることをお伝えすることで、自分たちも遅れまいと興味を持っていただける可能性があります。

そして最後の「ラガード」の人たち、この人たちに新商品をご提案するのは、得策ではありません。既契約のお客様なのであれば、新商品ではなく既に市場で評価を得ている商品をご提案した方が成約にいたりやすいでしょう。

それでは、お客様がどのタイプなのかはどうやったら分かるでしょうか。それは、ここまでのお客様の言動や持ち物から知るしかありません。既契約のお客様なので、既にアプローチからクロージングまでの一連のやり取りをしているはずです。その際の雑談であったり、お客様の身に付けているものであったり、そういった事をしっかり見て、メモしておきましょう。そうすることで、**新商品が出た際にどのお客様からご提案していけばいいのかを決める**ことができます。

「イノベーター理論」を提唱したエベレット・M・ロジャーズ氏は、「市場の16%に位置づけられる「イノベーター」や「アーリーアダプター」の攻略が、その商品が普及するかどうかを左右する」と言っています。新商品が出た際には、闇雲にお客様にアプローチするのではなく、お客様がどの分類に属しているのかを見極め、まずは「イノベーター」と「アーリーアダプター」のお客様からアプローチしてみてください。

おわりに

生命保険のセールスは、「見込み客の発見」が全てです。そしてその「見込み客」は、契約してくださったお客様の紹介から生まれていきます。つまり、「見込み客」に高い精度でお客様になっていただかなければ、セールスはどんどん尻すぼみになってしまうのです。そのため、**生命保険のセールスは、失敗を積み重ねながら体で覚えるという余裕がありません。**お客様にご紹介いただいた「見込み客」を、１人も取りこぼすわけにはいかないのです。

セールス初心者の頃は、上司や先輩のセールスにお客様との商談へ同行させてもらうことも多いと思います。その際、お客様との商談が終わって上司や先輩から喫茶店でこう言われます。「あんな感じでやっていくんだよ。イメージつかめた？」

そんな説明では、イメージはなんとなくつかめても、本質的なスキルはつかめません。上手くいっている上司や先輩は、「感覚」でセールスをしてしまっていることも多く、セールス初心者にうまく説明することができないのです。

そこで本著をご覧いただくことで、「行動経済学」を基にした具体的なスキルと、そのスキルを使うことでどういう結果が得られるのかを学んでいただけたかと思います。

似たようなスキルや、矛盾しているスキルもあったかと思います。本著でご紹介しているスキル、全てを活用する必要はありません。ご自身に合ったスキルを選んでいただき、ご自身のものとしてご活用いただけると幸いです。

生命保険のセールスという仕事に踏み込まれた以上、この世界で長く生きていくために無駄にならないスキルだと思います。是非ご活用いただければと思います。

川口 尚宏（かわぐち なおひろ）

ヨージック・ラボラトリー合同会社 代表。

東京理科大学卒業後、生命保険会社のシステムエンジニアとして7年間システム開発を行う。

その後、プルデンシャル生命のライフプランナーへ転職し社内表彰基準やMDRT基準を達成。

周囲の優秀なセールスパーソンと接する中で自身の営業センス、マーケティング力の無さを痛感し、フルコミッションセールスからの引退を決意。グループ会社のPGF生命に転籍する。

自身の経験を通じ、営業教育のトレーナーとして金融機関向け営業スキル研修、マーケット開拓研修を行う。

また、同社のブルーブック（営業マニュアル）の編纂を行い、営業推進を行うチームのリーダーを担当。

2021年に金融セールスパーソンを支援する会社を立ち上げて今に至る。

セールスパーソンと接し、営業活動をヒアリングすることで、そこからもたらされる顧客心理などを分析。

優秀なセールスパーソンの特殊なスキルを、一般化して幅広く展開するしくみの構築を行っている。

行動経済学でお客様の心をつかむ保険セールススキル

発行日　2023年3月31日
著　者　川口 尚宏
発行者　橋詰 守
発行所　株式会社 ロギカ書房
〒101-0052
東京都千代田区神田小川町2丁目8番地
進盛ビル303号
Tel 03（5244）5143
Fax 03（5244）5144
http://logicashobo.co.jp/
印刷・製本　藤原印刷株式会社
定価はカバーに表示してあります。
乱丁・落丁のものはお取り替え致します。

978-4-909090-93-5 C2036